Hans Natge

Über Francis Bacons Formenlehre

Hans Natge

Über Francis Bacons Formenlehre

ISBN/EAN: 9783743316881

Hergestellt in Europa, USA, Kanada, Australien, Japan

Cover: Foto ©ninafisch / pixelio.de

Manufactured and distributed by brebook publishing software (www.brebook.com)

Hans Natge

Über Francis Bacons Formenlehre

Inhaltsverzeichniss.

	Seite
I. Einleitung. Induction oder Formenlehre?	5
II. Historisches	13
A. Von Stewart bis Nichol	13
B. Von Kitchin bis Lasswitz	24
III. Terminologisches	37
IV. Systematisches	41
A. Die Form als Wesen oder Begriff	41
1. Allgemeines	41
2. Verhältniss zu Platos Ideen	46
3. Verhältniss zur Weltwirklichkeit	52
B. Die Form als Gesetz	55
1. Allgemeines	55
2. Gesetz und Causalität	60
C. Gesetz und Wesen (Begriff)	63
V. Schluss	66
Anmerkungen	74

1. Einleitung. Induction oder Formenlehre?

Nach der gewöhnlichen Ansicht ist der wichtigste Theil von Francis Bacons Philosophie die Lehre von der „Induction", — jener Methode, der das ganze zweite Buch des *Novum Organum* [N. O.] gewidmet ist, und die ihrem „Entdecker" den Ruhmesnamen des „Reformators der Wissenschaften" eingetragen hat. So oft der Name Francis Bacon an unser Ohr schallt, erklingt daneben wie ein Oberton das Zauberwort der „Induction", zu deren Eigenthümlichkeiten bei Bacon vor Allem der Process der Elimination gehört. — Der Gedanke, durch systematische „Ausschliessungen" dem Forscher seinen Weg zu weisen und durch diese Methode die Zufälligkeiten der individuellen Begabungen auszugleichen, wird als das Alpha und Omega Baconischer Philosophie gepriesen.[1]) Es hat fast den Anschein, als habe Bacon selber durch sein selbstbewusstes Auftreten, mit welchem er im ersten Theile des *Novum Organum* nicht nur über Wissen und Streben der Vergangenheit aburtheilt, sondern auch dem bisherigen Treiben jede Fruchtbarkeit für die Zukunft abspricht, sogar bewährte Kenner[2]) zur Ueberschätzung der Bedeutung seiner „Induction" geführt.

Bei der Beurtheilung nun der Stellung, welche dem Baconischen Verfahren zuzuerkennen ist, muss man von vornherein in Betracht ziehen, dass jede Darstellung jener Methode mehr oder weniger mit Hypothesen arbeitet, da das *Novum Organum* nicht vollendet ist und die Ausführung desselben nur die erste der neun Gruppen von Inductionswegen umfasst.[3]) Einer vorsichtigen Beurtheilung aber kann es nicht entgehen, wie sehr jene „Induction" mit Fehlern durchsetzt ist.

Bacon übersieht erstens, dass alles inductive Verfahren ohne apriorische Voraussetzungen unbestimmt und schwankend bleiben muss, sich im Kreise dreht und keinerlei Fortschritte anbahnen kann. — Zweitens ist zu rügen, dass Bacon, wie zuerst APELT nachgewiesen hat, Induction und Abstraction verwechselt. Er glaubt, durch Zusammenstellung zahlreicher Thatsachen und allmähliche Ausschaltung des Unwesentlichen aus dem reichhaltigen Material das wesenhafte Gesetz einer gewissen Gruppe von Vorgängen herauszufinden; er abstrahirt demnach das Wichtigste aus einer grossen Summe von Daten, während die wahre Induction bereits aus einem einzigen Falle das Gesetz dieser und der verwandten Fälle zu erschliessen vermag. Wenn wir dabei berücksichtigen, dass dem englischen Philosophen jede Ahnung von der nothwendigen Herrschaft der Mathematik über die Natur verschlossen blieb[b]), so werden wir uns nicht wundern, dass die „grosse Methode" bei der *vindemiatio prima sive permissio intellectus* stecken bleibt. Eine solche Pseudo-Induction aber als den werthvollsten Theil der gesammten Baconischen Philosophie bezeichnen, heisst diese über die Maassen erniedrigen.

Ein dritter Gegengrund gegen die übliche Bevorzugung der Induction unter den mannichfaltigen Bestandtheilen der Lehre Bacons besteht in der Erkenntniss, dass sie durchaus nicht so neu und original ist, als man gemeinhin nach dem Beispiel ihres eigenen Schöpfers behauptet. ELLIS hält die Annahme der Neuheit der Baconischen Methode für „unverständlich" und wundert sich mit Recht, dass dieselbe von Epigonen Bacons vertreten wird, — im Gegensatz zu EUCKEN, welcher der Ansicht ist, dass Bacon zuerst die Grundsätze und Probleme inductiver Methode entwickelt habe und somit eine Neugestaltung aller Wissenschaft habe einleiten können. Schon APELT betonte mit Recht, dass gar nicht Bacon die inductive Methode entdeckt, ja von ihr ganz irrige Vorstellungen besessen habe, und dass sie vielmehr auf seinen Zeitgenossen Keppler zurückzuführen sei.[5])

Die Gründe aber dafür, dass unser Denker die vorgefundene Methode nicht consequenter ausgebildet hat, sind wohl u. a. in seiner rationalistischen Veranlagung zu suchen, die kürzlich HEUSSLER nachgewiesen hat.[6])

In der Zurückweisung der Annahme, als sei die Induction ein ebenso originaler wie wichtiger Theil der Lehre des Lord-Kanzlers, werden wir ferner dadurch bestärkt, dass zweifellos Bacon, obgleich er sich häufig als Gegner des Aristoteles bezeichnet, viele Aristotelische Elemente in seine Philosophie aufgenommen hat. Für einen Theil der Gesammtlehre Bacons hat dies bereits TRENDELENBURG nachgewiesen[7]) und für Einzelheiten bieten sich jedem Leser des *Novum Organum* Beispiele genug dar. Der N. O. II. 48, (FOWLER p. 550) aufgestellte Begriff und die ebendort gegebene Eintheilung der „Bewegungen" erinnern theilweise an die Ausführungen im 12. Buch der Aristotelischen Metaphysik; der Begriff einer möglichen Wärme (*calor potentialis*) (N. O. II. 12, FOWLER p. 372) beruht auf der Aristotelischen Unterscheidung zwischen $\dot{\epsilon}\nu\acute{\epsilon}\rho\gamma\epsilon\iota\alpha$ und $\delta\acute{\upsilon}\nu\alpha\mu\iota\varsigma$ und Beispiele wie die für die *instantiae conformes* (N. O. II. 27, FOWLER p. 427 sq.) werden von Bacon genau wie bei Aristoteles der comparativen Anatomie entnommen.

Ganz nach der Weise der mittelalterlichen Philosophen überträgt Bacon ohne Scheu sowohl Beziehungsformen des logischen Denkens (s. N. O. II. 20, FOWLER p. 399) als auch Erfahrungen des psychischen Innenlebens (s. N. O. II. 36, FOWLER p. 474) auf gewisse Vorgänge der Aussenwelt; er übernimmt die absurde Lehre von Eigenschaften erster bis vierter Classe (N. O. I. 66, FOWLER p. 245) und hält sich trotz Keppler und Galilei an längst überholte astronomische Anschauungen (N.O. II. 13, FOWLER p. 379). Gegenüber dem Gewicht solcher Thatsachen fallen die bekannten Neuerungen (keine *enumeratio simplex*, Berücksichtigung der *instantiae negativae*, Ausschliessungsverfahren u. s. w.) nicht allzuschwer in die Wagschale.

Was aber viertens und letztens als Wichtigstes gegen die erwähnte mehr landläufige Auffassung geltend gemacht werden muss, ist der Umstand, dass die ganze „Induction" Sinn und Werth erst durch einen anderen Theil der Baconischen Philosophie erhält — eben den, welchen wir für den fundamentalen ansehen, durch die Formenlehre.

Gegenüber den mittelalterlichen Empirikern, die nach Bacons Meinung (s. z. B. N. O. I. 117, FOWLER p. 314) ihre Entdeckungen nicht einem streng wissenschaftlichen Verfahren, sondern einem ziellosen Umhertappen in Bekanntem und Unbekanntem (sagen wir dem Zufall) verdanken, erscheint es Bacon als Lebensziel, durch Entdeckung der den Dingen zu Grunde liegenden Formen die Fortschritte in den Wissenschaften sicher zu stellen und unabhängig zu machen sowohl vom Zufall als auch vom Grade der geistigen Befähigung des Forschenden. Nur insoweit, als seine Induction dieses Ziel verfolgt, ist sie überhaupt für Bacon von Bedeutung; aus den Formen als den Quellen fliesst sowohl die Erkenntniss der Wahrheit als auch die Vergrösserung menschlicher Macht, denen beiden die Methode unseres Forschers zustrebt. Dass seine Induction, soweit er sie dargestellt hat, ausschliesslich die Erforschung der *formae* zum Zweck hat, zeigt sich auch in dem Umstande, dass diese Methode überhaupt nur anwendbar ist auf die Auffindung der Formen und dass sie eine bedeutende Umwandlung erfahren müsste, bevor sie anderen Zwecken dienstbar zu machen wäre.

Diese enge Verbindung zwischen Induction und Formenlehre sucht nun ELLIS dadurch zu erläutern, dass er die Methode der Formen-Erforschung als den grundlegenden Typus betrachtet, von dem bei anderen Anwendungen mehr oder weniger abgewichen werden könne. Wie zahlreich aber diese möglichen Anwendungen sein mögen und wie die Verbindungsfäden zwischen den verschiedenen Arten der Induction sich kreuzen können — das zu betrachten entzieht sich unserer Aufgabe. Wir haben ausschliesslich diese typische „Induction" in Betracht zu ziehen, von der ELLIS nicht ohne Scharfsinn nachgewiesen hat, dass ihre drei wichtigsten Etappen auf den objektiven Formverhältnissen beruhen. Von den drei bekannten Tafeln: *tabula essentiae et praesentiae, tabula declinationis sive absentiae in proximo* und *tabula graduum* entspricht nämlich die erste der Bedingung, dass alle Dinge aus „Naturen" mit ihren „Formen" zusammengesetzt sind, die zweite der Bedingung, dass Form und gegebene Natur zugleich abwesend sein müssen, und die dritte der von ihrem gemeinsamen Abnehmen oder Zunehmen — mit einem Wort: der Induction liegt die Formenlehre zu Grunde. Am wichtigsten aber für die Kenntniss der Formen sind die negativen Instanzen, die zuerst erledigt werden müssen, damit nach Zurückweisung der zu eliminirenden *naturae* die essentiellen übrig bleiben. Auch das berühmte Beispiel von der Wärme hätte ohne die metaphysische Voraussetzung des ganzen Gedankenganges, ohne die zu findende Form der Wärme keinen Sinn. Wenn etwa Bacon bei diesem Beispiel (s. N. O. II. 18. No. 11 u. 13, Fowler p. 394) gegen die Verbindung zwischen Ausdehnung und Wärme spricht, so will er nur sagen, dass die Ausdehnung nicht zur Form des Warmen gehöre, wenngleich sie in vielen Fällen damit verbunden sei.")

Die innige Verbindung zwischen der „Induction" und ihrem Objekt, den „Formen", zeigt sich also in voller Klarheit dem Logiker. Aber wie erscheint diese nun dem mit realen Factoren rechnenden naturwissenschaftlichen Beobachter? Wie verhält sich das „inductive" Verfahren nach seiner praktischen Seite und unter ontologischem Gesichtspunkte zu den Formen?

Der Natur gegenüber ist das „Inductions"verfahren Analyse, Eindringen in das Innere der Dinge; Bacon versteht unter der Methode der Ausschliessung, wie Heussler dargethan, das Bestreben, aus dem unklaren Chaos der Erscheinung durch genaue Prüfung aller Instanzen die wahre „Form" einer „Natur" herauszuschälen, zu lösen, zu erschliessen.")

Der mühsame Weg, welchen der Forscher dabei verfolgt, führt successive durch verschiedene Gebiete des Wissens, deren Anordnung im Baconischen System wiederum zeigt, dass die ganze Methode von der Formenlehre abhängt und zu ihr hindrängt. Denken wir uns nämlich in die Lage des analysirenden Naturforschers hinein! Er sammelt zuerst in der Naturgeschichte die Erscheinungen als Material seiner Untersuchungen, er erkennt darauf in der concreten Physik die Beschaffenheit und Configurationen der Körper, er gelangt sodann in der „abstracten" Physik zur Kenntniss von deren Eigenschaften (*naturae*) und erreicht endlich in der Metaphysik, als der Lehre von den „Formen" oder den „Wesenheiten" oder „Gesetzen" der *naturae* den Gipfel der Naturwissenschaft. Diese Pyramide baut sich also so auf, dass die *descriptio naturae* die Basis und die Metaphysik (der Formen, im Gegensatz zu der veralteten der Zwecke) die Spitze bildet, während die beiden Physiken sich in der genannten Reihenfolge dazwischen schieben. Will man sich zur Verdeutlichung den Zusammenhang der Wissenschaften, wie er Bacon erschien, unabhängig von dem subjectiven Verfahren des Forschers vorstellen, so wären nunmehr die Formen als Wesenskern alles Seienden zu bezeichnen. Sie sind die wesentlichen Elemente der Wirklichkeit: ihre Erscheinungsarten (*naturae*) und deren Combinationen geben die Construction, das Baugerüst der Welt ab. Mag man nun von der Peripherie des Kreises zum Mittelpunkt vordringen, oder mag man von diesem Mittelpunkte aus Umschau halten nach allen Richtungen -- immer bleibt die Formenlehre das beherrschende Centrum der Baconischen Weltanschauung.

Aus solchem Geiste ist unseres Denkers kühner Spruch geflossen: *meo siquidem iudicio vix possit aliquid in natura radicitus verti aut innovari vel per casus aliquos fortuitos vel per tentamenta experimentorum vel ex luce causarum physicarum sed solummodo per inventionem formarum.*[10])

So dürfte nachgewiesen sein, dass die Induction keineswegs der Mittelpunkt des Baconischen Systems ist; es ergab sich bei der Betrachtung der Beziehungen der Induction zur

Formenlehre bereits als vorläufiges Resultat die Vermuthung, dass vielmehr der Formenlehre dieser Platz gebührt. Mit vollem Recht sagt HEUSSLER (a. a. O. S. 119): die Methode „ist der naive Vorwand, nicht die wahre Substanz seines Daseins und Wirkens".

Aber auch zahlreiche andere Gründe scheinen dafür zu sprechen, dass diese „wahre Substanz", dieser Kern der Baconischen Philosophie in der Formenlehre gesucht werden muss. Zunächst fällt auf, dass Bacon der Formenlehre sammt der dazu gehörigen Methode das ganze zweite Buch seines *Novum Organum* gewidmet hat — ein Beweis, wie wichtig ihm seine Lehre von dem, „was in der Natur beständig und ewig und katholisch ist", erschien. Bacon lebte noch sechs Jahre nach dem Erscheinen der beiden ersten Bücher des N. O., ohne es allem Anschein nach für dringend nöthig zu halten, die versprochenen Fortsetzungen zu liefern. Obwohl ferner unser Philosoph in dem ersten Theile seines N. O. hauptsächlich die *potentia humana* behandelt, so kann er doch, wie KITCHIN[11]) bemerkt, dem Drange nicht widerstehen, schon in diesem Abschnitt mit einem Theil seiner Auffassung von der Form hervorzutreten, ein Moment, das, ohne Beweiskraft zu besitzen, doch als subsidiärer Fingerzeig Beachtung verdient. Auch ist es bemerkenswerth, dass der ganze sechste Theil der gesammten *Instauratio magna*, der übrigens von Bacon schon in der *distributio operis* als für ihn unausführbar bezeichnet wird, vollkommen von der Conception der *formae* abhängig sein sollte (wenn anders die Worte „*ex huiusmodi inquisitione legitima*" auf „*forma*" gehen), ein Verhältniss zweier Theile desselben grossen Werkes, das deutlich genug für die Bedeutung des erstgenannten spricht.

Die Formenlehre wird von Bacon selbst als Metaphysik bezeichnet.[12]) Die Metaphysik im physikalischen Sinne, um KUNO FISCHERS Ausdruck zu gebrauchen, unterschieden von einer anderen Metaphysik teleologischer Art, bildet die Grundlage des Baconischen Organon. Während die Metaphysik der Formen als eine Art allgemeinster Physik uns das Innerste der Natur erklärt, gewährt jene andere Metaphysik mit der Erörterung der *causae finales* einen Ausblick in die natürliche Theologie; und da nun unser englischer Metaphysiker die letztgenannte Provinz niemals des Näheren durchforscht und sogar diese Art von Wissenschaft für Anthropomorphismus und für unfruchtbar erklärt hat, so folgt auch daraus, dass der ganze Nachdruck der Baconischen Speculation auf der Formenlehre ruht.

Auch die historische Bedeutung der Baconischen Philosophie wurzelt in der geistreichen Conception der Formen. Da die Analyse der wichtigsten Voraussetzungen des Baconischen Systems und der durch sie begründeten geschichtlichen Stellung Francis Bacons durch HEUSSLER die Formenlehre als das entscheidende Moment gegenüber der Vergangenheit erwiesen hat, so bedarf dieser Punkt hier keiner näheren Ausführung. Nach all' den inhaltsleeren, jede fruchtbare Forschung hemmenden Speculationen der Scholastiker, in einer von Worten bis auf den Tod erschöpften Zeit, drang Francis Bacon auf die Erkenntniss der Formen, damit aus der Wissenschaft von der Natur die Macht über sie hervorgehe.

Von der geistigen Bedeutung dieser Formenlehre mag der Umstand zeugen, dass man die Aufstellung einer solchen Doctrin dem dilettantischen Lord-Kanzler nicht recht zutrauen möchte. HEUSSLER (S. 33) gesteht: „Der Verdacht ist kaum abzuweisen, dass Bacons für die seitherige Naturwissenschaft völlig gleichgültige und doch an sich recht eigentlich geniale Formenlehre, das Centrum seiner Philosophie und der Schlüssel zu seiner Methode, der Hauptsache nach in einem andern als in seinem oberflächlichen Kopfe gewachsen sei." Wir müssen es uns versagen, dieser Anregung hier weiter nachzugehen, sonst wäre etwa auf den bisher ignorirten Zusammenhang Bacons mit Gilbertus Porretanus hinzuweisen [13]).

So unzweideutig nun aber die Wichtigkeit der Formenlehre hiernach ist, so schwierig wäre doch das Unternehmen, sie auf Schritt und Tritt aus Bacons eigenen Worten zu belegen

— war sie doch die metaphysische Voraussetzung schon der Anfänge seiner Methodologie! Kaum minder schwierig ist das Verständniss der Details. Selbst wenn die Stellung der Formenlehre richtig erkannt ist, so bleiben doch noch viele kleinere Difficultäten. Es kann ja nicht Wunder nehmen, wenn sich Schwankungen in den Auffassungen einer solchen Lehre finden und es wird eben die Aufgabe eines historischen Referates sein, aufzuzeigen, in welcher wechselnden Beleuchtung der Kern der Baconischen Philosophie den Neueren erschienen ist. Aus solcher Uebersicht wird sich endlich, unter möglichster Vermeidung begangener und widerlegter Fehler, ein Maassstab für die Exegese ergeben.

II. Historisches.
A. Von Dugald Stewart bis John Nichol.

Unter der grossen Reihe derer, die sich mit Francis Bacon und somit wohl oder übel auch mit seiner Lehre von den Formen beschäftigt haben, sind die Einen aus den verschiedensten Gründen ziemlich leicht über die Schwierigkeiten derselben hinweggegangen. Ihre Kette zieht sich durch den Zeitraum eines Jahrhunderts von DUGALD STEWART bis zu JOHN NICHOL. (1792—1889).

DUGALD STEWART spricht mit grosser Verehrung von Bacons Verdiensten um Philosophie und Wissenschaft. Im Gegensatz zu LIEBIG, von dessen Verurtheilung des englischen Denkers wir später zu handeln haben werden, hält er dafür, dass die im *Novum Organum* gegebenen Beispiele der Induction zu den wichtigsten und erhabensten Entdeckungen in der Physik geführt haben (s. *Collected Works* Bd. I. 84 Edinburgh 1854); aber er hebt hervor, dass der von ihm hochgeschätzte Locke den der Baconischen Methode zu Grunde liegenden Begriff der Form wohl als einen von der Platonischen Auffassung verschiedenen erkannt, aber in seiner Dunkelheit getadelt haben würde (II. 256). Freilich wird der schottische Empirist dadurch in seinem Urtheil nicht unwesentlich beeinflusst, dass er mit aller Gewalt den Lord-Kanzler zu seinem Vorgänger stempeln will (II. 235) — meint er doch sogar, dass die Bezeichnung des Menschen als eines „*interpres naturae*" auf dieselbe Vorstellung vom Gegenstand der Physik zurückgehe wie seine eigene bezügliche Lehre (II. 238). So bemerkt STEWART, dass seine eigene Causalitätslehre von Bacon „vorgeahnt" sei: mit einer später sehr verhängnissvoll gewordenen Verwechslung von *causa efficiens* und *causa formalis* unterlegt er unserem Philosophen den Gedanken, *if we could perceive in any instance the manner in which a cause produces its effect, we should be able to deduce the effect from its cause by reasoning a priori, the impossibility of which he everywhere strongly inculcates* (I. 478). Wenn er ferner einmal sehr kategorisch behauptet, dass beim Lesen von Bacons philosophischen Werken: „für Formen, wo immer dieser Ausdruck sich findet, das Wort Gesetz substituirt werden kann", so ist dies in solcher Allgemeinheit offenbar unrichtig. Immerhin übersieht er nicht gänzlich die Schwierigkeiten der Formenlehre (I. 478).

Diese Schwierigkeiten werden dagegen völlig verkannt von dem Franzosen DE MAISTRE[14]), der für den analytischen Charakter der Formenlehre so wenig Verständniss hat wie für die gesammte Baconische Philosophie. Auch der übrigens viel gründlichere HALLAM[15]) scheitert an einigen Klippen. Er giebt mit seinen Erläuterungen eigentlich nicht viel mehr als eine Zusammenstellung der betreffenden Sätze Bacons: „*Form is the general law, or condition of existence, in any substance or quality, which is, wherever its form is.*" Die Absicht des englischen Philosophen sei gewesen, das Wort Form zu beschränken auf die *laws of particular sensible existences*, und erklärend fügt er hinzu: *In modern philosophy, it might be defined to be that particular combination of forces, which impresses a certain modification upon matter subjected to their influence* (a. a. O. S. 186). HALLAM erblickt in der Atomentheorie Daltons, in den von Haüy aufgestellten Gesetzen crystallinischer Configurationen und in Mitscherlichs Gesetzen Beispiele Baconischer Formen und er preist eine solche Auffassung als die Eingangspforte zum Tempel der Natur.

Hieran schliessen wir einen kurzen Ueberblick über drei französische Commentatoren alten Schlages: BOUILLET, RIAUX und LASALLE. BOUILLET [16]) erkennt in den vier Terminis: Natur, Form, *latens processus* und *latens schematismus* den Schlüssel zu Bacons Lehre (*doctrine physique*). Er erläutert die Baconische „Natur" als *„une propriété, une qualité quelconque d'une substance"* und erkennt in der „Form" einer Natur oder Eigenschaft *„la condition essentielle de l'existence"* dieser letzteren oder das Princip *„d'où elle découle, — principe que l'on détermine en assignant la propriété plus générale dont celle-ci n'est qu'une modification ou une limitation"*. So kommt er zum Begriff des Gesetzes, welchem eine Natur oder Eigenschaft ihr Entstehen verdankt, und im Anschluss an die bekannte Stelle des N. O. II. 2, wo von der *lex* und deren *paragraphi* gesprochen wird, erörtert er nicht ohne Geschick den Unterschied, welcher Bacons zur Erklärung der Form verwendetes „Gesetz" von unserer modernen Anschauung trennt. Er hebt hervor (a. a. O. S. 485), dass für Bacon der Begriff des Gesetzes gleichbedeutend ist mit einer Vorschrift, welche in Natur und Kunst befiehlt, eine bestimmte Bedingung zu erfüllen, um einen bestimmten Effect zu erzielen, einer Vorschrift, welche negativisch wie ein Gesetz formulirt und mit Paragraphen versehen werden muss, die auf die Einzelfälle Bezug haben. Wir Modernen meinen dagegen mit „Gesetz" nur eine Constanz unter Phänomenen, eine Gleichförmigkeit des Ablaufs. Auch den Gegensatz zwischen Platonischen und Baconischen Formen kennt BOUILLET (a. a. O. S. 485/486), da er den leeren Abstractionen Bacons Formen als *„indication d'un autre fait réel en lui même"* gegenüberstellt.

Im engsten Anschluss an BOUILLET commentirt RIAUX [17]), nur dass er mit unbegreiflicher Leichtfertigkeit und ohne den Widerspruch zu bemerken, an anderen Stellen die Formen für Essenzen der Dinge erklärt.

Lasalle [18]) giebt folgende Erklärung: „*La forme doit être telle qu'elle déduise la manière d'être en question de quelque autre manière d'être réelle, plus commune dans la nature et plus générale que cette forme elle-même.*" Daneben spricht er auch von einem Doppelcharakter der Form und bemerkt, dass, wenn wir mit Newton einen weissen Lichtstrahl in seine sieben Spectralstrahlen zerlegt hätten, es gleichgültig sei, ob wir von diesen Strahlen sprächen als die weisse Farbe constituirenden oder hervorbringenden, d. h. ob wir sie Wesen oder Ursache des weissen Lichtes nennten. Aber damit ist die Doppeldeutigkeit der Form nicht richtig angegeben. Die beiden Conceptionen sind nicht, wie schon bei der Besprechung von Stewarts Meinung angedeutet wurde: Wesen und Ursache, sondern vielmehr Begriff und Gesetz. Nach Bacon wäre die Newtonische Composition der weissen Farbe ihr Wesen, nicht ihre Ursache; die letztere wäre vielmehr die Reflexion der componirenden Farbenstrahlen durch die Oberfläche des (weissen) Körpers.

In den fünfziger Jahren nahm sich auch die deutsche Forschung der mit Bacons Philosophie verknüpften Probleme eifriger an, und die erste weitwirkende Anregung hierzu gab Apelts treffliches Buch. In seiner Auffassung der Formenlehre vergleicht er unseren Denker mit den antiken Philosophen, vor Allem also mit Plato und Aristoteles; aber indem er den begrifflichen Charakter Baconischer Denkweise nicht genügend beachtet, rückt er den Gegensatz in's Schiefe. Während nach ihm die beiden Philosophen des Alterthums die Realität des Allgemeinen in die Begriffe setzen — Plato, indem er die denkbare Welt von der sichtbaren trennt, Aristoteles, indem er sie beide vereinigt —, entscheide der englische Philosoph jetzt so: nicht der Begriff, sondern das Gesetz trägt die Realität des Allgemeinen in sich.

„Ein wesentliches Gesetz ist der Grund der Veränderungen in der Natur. Das Gesetz für sich besitzt wohl Nothwendigkeit, aber keine Wirklichkeit, es ist nur eine nothwendige Regel der Verknüpfung der Thatsachen, die Wirklichkeit der Thatsachen wird unabhängig von dem Gesetz durch die Anschauung gegeben."[19]) Auf diesen Lieblingsgedanken kommt APELT in verschiedenen Wendungen zurück; stets hebt er hervor, die Form sei eine allgemeine Regel ohne Wesenheit, sie sei das Naturgesetz. Und daraus nun leitet er Lob und Tadel ab. So heisst es (a. a. O. S. 151): „Die formale Ursache ist das Gesetz und dieses ist die eigentliche Natur. Diese Umbildung der Aristotelischen Lehre von den vier Gründen im Sinne der modernen Physik und die Verbannung der Endursachen aus der Physik ist das eigentlich Neue, was die moderne Weltansicht dem Bacon verdankt." Für den Tadel höre man etwa die folgende Stelle (a. a. O. S. 152): „Es liegt in Bacons Bestreben ... die falsche Voraussetzung zu Grunde, dass sich das Nothwendige aus dem Wirklichen ableiten lasse: aber die Belehrung, welche er über die Bedeutung des Naturgesetzes in unserer Erkenntniss giebt, müsste in Verbindung mit den Arbeiten Kepplers und Galileis zur richtigen Ansicht führen."

JUSTUS VON LIEBIGS berühmte Streitschrift macht eher den Eindruck einer beabsichtigten „Justificirung" als einer des Namens „Justus" würdigen Beurtheilung. Es kann daher nicht Wunder nehmen, dass in ihr jeder Versuch fehlt, die Formenlehre zu erklären, man müsste denn das Gerede von den sinnlosen, in einander zu einem Knäuel verdrehten Phrasen [20]) für eine ausreichende Würdigung halten. Aber diese Streitschrift rief eine Reihe von Entgegnungen hervor, die sich mit mehr oder weniger Erfolg bemühten, den angegriffenen Philosophen und damit auch einzelne seiner Conceptionen wie die bei ihm so wichtige Formenlehre in Schutz zu nehmen. Der Autor der deutschen Jahrbücher, WOHLWILL,[21]), setzt Form mit Theorie gleich und erklärt „Form der Wärme" geradezu mit Theorie der Wärme. Eine bestechende Ansicht, die aber Subjectives und Objectives, Abgeleitetes und Ursprüngliches nicht genügend unterscheidet.

BOEHMER geht zwar nicht näher auf die Schwierigkeiten der Formenlehre ein, präcisirt jedoch richtig die

Zwischenstellung des Philosophen. „In Bacon", sagt er einmal, „spiegelte sich wohl das Bewusstsein der modernen Zeit, aber noch nicht in seiner ganzen Reinheit und mit allen seinen scharfen Umrissen, sondern verdunkelt und verwaschen, wie ein nicht ganz gelungenes photographisches Bild."[22])

Dagegen beschäftigt sich LASSON nicht nur mit der Prüfung der Angriffe Liebigs und der Beurtheilung von Bacons Denken und Wollen, sondern auch — und es ist charakteristisch, dass er als gewissenhafter Mann an diesen Säulen im Tempel des Baconischen Systems nicht vorbei kommt, ohne Halt zu machen — in eingehender Weise mit den Formen. Beginnend mit Aufzählung der Stellen des N. O., an welchen Bacon Definitionen giebt, Ziel und Zwecke der Formenlehre andeutet, geht er dann schnell über zu einer Kritik derselben vom Standpunkt des modernen Naturforschers und Logikers und bemängelt zuerst, dass Bacon, welcher die Form als das höchst Allgemeine erkennt, zufolge seiner Methode des allmähligen Aufsteigens, anfangs die bewirkenden und stofflichen Ursachen als besondere untersuchen müsse, um dann die Erforschung der allgemeinen Form an das Ende zu setzen. Statt dessen dringe Bacon bei praktischem Beginn der *interpretatio naturae* zunächst auf das Allgemeine, den speculativen Begriff der Form.[23]) Von ihm handle Bacon „nicht als kalter Realist", sondern gleich einem „Verzückten" in „begeisterter mystischer Stimmung". Aber was als tiefstes Geheimniss hinter dem buntschillernden Schleier zahlloser Phrasen sich verberge, das sei die Vorstellung eines obersten Naturgesetzes im Ausdruck einer logischen Definition. Gewiss, doch ergiebt sich diese logische Definition nicht, wie LASSON meint, aus „beliebigen allgemeinen Begriffen", sondern aus der experimentellen und logischen Analyse der Natur. In Verkennung des philosophischen Januskopfes unseres Denkers kritisirt der Berliner Gelehrte die *vindemiatio prima* mit folgenden Worten: „Diese Definition nun des Begriffs der Wärme soll ein oberstes Naturgesetz enthalten. Ein solches aber erkennen wir an zwei Dingen, daran, dass es eine allgemeine und nothwendige Bedingung enthält und dass diese Bedingung mathematisch bestimmt ist. Statt dessen erhalten wir eine blosse logische, nicht sachliche Definition, nicht eines einzelnen Phänomens, sondern eines abstracten Begriffes. Die Wärme ist nach Bacon zunächst eine subjective Empfindung und wir finden, dass, wo wir eine solche Empfindung haben, im Körper eine expansive Bewegung stattfindet. Diese Bewegung setzen wir daher als Grund unserer Empfindung. Der physikalische Begriff der Wärme aber, den Bacon definiren will, ist nicht mehr unsere Affection, sondern die bestimmte Art der expansiven Bewegung selbst. Daher enthält jene Definition keinerlei Realgrund der Wärme, sondern eine blosse Verbaldefinition (N. O. II. 20). Ist aber dies das Wesen der Form, wie kann man sie zu den Ursachen zählen? .... Mag sich Bacon immerhin rühmen, dass seine Formen nicht wie die Ideen Platos in abstracter Jenseitigkeit stehen bleiben und gleichsam hypostasirt sind, dass sie aber mit dem Begriffe eines Naturgesetzes, wie es die Neueren verstehen, irgend eine noch so entfernte Aehnlichkeit haben, das sollte doch Niemand behaupten. Hätte also Bacon den Irrthum der scholastischen Philosophie verdrängt, wie noch APELT glaubte, so hätte er doch höchstens einen neuen Irrthum an seine Stelle gesetzt" (A. a. O. S. 27). Dieser Darlegung, die wir in ihrer ganzen Ausführlichkeit hier nicht entbehren konnten, scheint ein folgenschwerer Irrthum zu Grunde zu liegen, nämlich die Verwechslung einer logischen Anordnung mit einem physikalischen Verhältniss. Weil die Formen allgemeine Gesetze sind, den *causae efficientes* dagegen von Bacon nur Einzelbedeutung zugeschrieben wird, schliesst LASSON, dass die Formen zu den *causae efficientes* im logischen Verhältniss der Ueberordnung stehen, so dass man durch Induction zu den Formen, durch Deduction zu den *causae efficientes* gelangen würde. Das scheint doch kaum richtig; vielmehr liegt die Sache m. E. so: die Form der Wärme ist gleich dem physikalischen Substrate der Wärme selbst, während die *causa efficiens* entweder die Verbrennung des Blutes oder des Holzes oder der Steinkohlen oder für uns in letzter Instanz der Sonne und dann immer eine Einzelursache ist, die von Fall zu Fall anders sein kann im Gegensatz zum ewig sich gleichbleibenden physikalischen Wesen der Wärme.

Ganz anders stellt sich DORNER[24]) zu unserem Problem. Er legt den Nachdruck auf die physikalische (nicht die logische) Beschaffenheit der Formen und besonders auf ihre verhältnissmässige Zusammengesetztheit; er scheidet sie nicht streng genug von den „Naturen" und verbindet sie nicht deutlich genug mit den *axiomata*. Da er ferner den Unterschied zwischen gegebenen und nicht gegebenen Naturen in eigenthümlicher Weise deutet, so gelangt er zu einer für uns schwer durchsichtigen Auffassung, die ihre Stützpunkte in der Bewegungslehre und in dem subjectiven Charakter der Sinneswahrnehmungen sucht. Aber diese Bewegungslehre selbst wird von DORNER ganz verkehrt aufgefasst, weil er die *motus*, die ja selber *naturae* sind (*De augm.* III. 5), in einen künstlichen Gegensatz zu den letzteren bringt. Unser Autor sagt: „... *motuum formae non simpliciores sunt quam naturarum, quamvis Baco etiam de motibus simplicibus dicat. Quos enim simplices appellat motus, formas compositas ea de causa habent, quia, si simplices essent, definitiones eorum existere non possent, cum omnis definitio universale sive genus et particulare sive speciem deposcat*" (a. a. O. S. 65). Noch verwirrender als diese Verquickung mit der Bewegungslehre wirkt die Hineinziehung des Phänomenalismus. Denn nur, so meint DORNER, wenn man (wie Bacon es nach DORNERs Auffassung thut) die Erscheinung mit dem Ding an sich gleich setze, könne man mit Bacon die Formen für das Wesen der Dinge erklären, und er führt fort: „*Contra si aliud sunt visa aliud (cuius?) essentia, formae Baconis nihil aliud sunt, quam visorum leges, quarum causae sunt leges internae et Baconi occultae. Cur autem formae omnes sint compositae quas invenit apparet. Simplicia enim in spatio non adsunt, omnia in spatio data sunt composita. Itaque mirari non possumus quod illam summam et simplicem naturae legem invenire omnino non potuerit. Experientia, quae in spatio fit, revera frustra quaeritur. Si autem, qui simplices complures formas existere putant, ad Atomorum doctrinam ducuntur, quam Baco ipse reiicit"* (a. a. O. S. 66). Aus solchen Betrachtungen ergiebt sich eine sehr sonderbare Anschauung von der Aufgabe der Baconischen Metaphysik. Während die Physik aus der Vergleichung einer gegebenen Eigenschaft mit anderen, nicht immer mit jener verbundenen, Eigenschaften die *axiomata media* ableite, beschäftige sich die Metaphysik mit den formhaften Eigenschaften. „*Metaphysica de proprietatibus essentialibus sive de legibus naturarum disserit . . . . Nam ea tantum conditione formae inveniri possunt, ut ea, quae non semper cum natura quadam sint conjuncta, ab iis, quae illi sint propria, dirimi possint.*" (a. a. O. S. 41).

Aus allem dem geht hervor, dass DORNER die innige Verwandtschaft der Baconischen Formenlehre mit den Gedankengängen Platos vollkommen unberücksichtigt lässt. Die begriffliche, ja halb-scholastische Weise Bacons wird gar nicht in Rechnung gezogen. Auch die (an Plato anknüpfende) Hierarchie der Formen erhält dadurch eine unzutreffende Interpretation, deren Fehlerhaftigkeit wiederum durch die unnöthige Betonung der Bewegung vermehrt wird. Der Schlusssatz setzt der Confusion die Krone auf: „*Quam existere Baco vult legem sive formam, ea nihil aliud edicit, nisi quod motus semper et usque cum materia conjuncta sit*" (a. a. O. S. 69).

KUNO FISCHER[25]), dessen ausgezeichnetes Werk über Bacon den Zweck einer zusammenhängenden Uebersicht über dessen Philosophie fast nach allen Richtungen hin erfüllt, behandelt doch die Frage nach den Formen durchaus nicht eben erschöpfend. Er nennt die Formen einmal „den Inbegriff der wesentlichen Bedingungen, aus denen die Erscheinung nothwendig hervorgeht" (a. a. O. S. 180) und er bestimmt ein ander Mal (S. 182) diesen Inbegriff näher als „eine Thätigkeit, einen Vorgang, einen blossen Act, der auf eine gesetzmässige und bestimmte Weise geschieht". Aber an anderer

Stelle (S. 332) werden die Formen charakterisirt als: „die natürlichen Ursachen metaphysischer Art" und wenige Seiten später (S. 336) werden sie den einfachsten und obersten Naturkräften gleichgesetzt.

Diese dynamische Auffassung theilt der gleichzeitig schreibende Biograph der *Encyclopaedia Britannica*, Professor ADAMSON [26]). An einer entscheidenden Stelle (S. 213) fragt er: ob die Formen Kräfte seien und antwortet: „Zu Zeiten scheint es, als ob Bacon sich dieser Auffassung vom Wesen der Dinge genähert hätte, denn öfters (N. O. II. 17, I. 51, I. 75, II. 2) identificirt er Formen mit Thätigkeitsgesetzen (*laws of activity*)." Die Begründung steht freilich auf schwachen Füssen, da ADAMSON den Begriff der „Natur" als abstracter Qualität nicht scharf genug von der Form scheidet und die Formen als bleibende Ursachen oder (!) Substanzen allen sichtbaren Erscheinungen, die bloss Manifestationen ihrer Thätigkeit seien, zu Grunde legt. Aber in anderen Zusammenhängen bevorzugt unser Gewährsmann eine statische Auffassung des Formencomplexes. Er meint, dass Bacon Dank seiner „klaren Vorstellungen von den Naturprincipien" unter den Formen sich höchst allgemeine physikalische Eigenthümlichkeiten (*highly general physical properties*) gedacht habe, Qualitäten, die als Thätigkeitsarten in einfachen Körpern betrachtet werden könnten, hält aber dafür, dass Bacon sich trotzdem nicht durchgerungen habe zu der modernen dynamischen Weltanschauung und somit in der Auffassung der den Dingen als *causa immanens* zu Grunde liegenden Substanzformen stecken geblieben sei. Daher erkenne Bacon schliesslich die Aufgabe der Wissenschaft in dem Aufsuchen weniger fundamentaler physikalischer Eigenschaften, deren Combination die einfachen Eigenschaften und die complexen Erscheinungen um uns herum entstehen lassen. „Bacons allgemeine Auffassung von dem Universum kann daher mechanisch oder statisch genannt werden; es wird angenommen, dass die Ursache jeder Erscheinung thatsächlich in der Erscheinung selbst enthalten ist und durch einen hinreichend genauen Process herausgefunden und ans Licht gebracht werden kann"... (a. a. O. S. 214).

Schliesslich sei in aller Kürze einiger anderer Erklärungen gedacht. Der bekannte Uebersetzer und Commentator des *Novum Organum*, von Kirchmann[27]), führt aus, dass Bacon in den elementaren Eigenschaften (*naturae*) das Ursprüngliche in der Natur erblicke und keine besondere Substanz neben denselben anerkenne. Das Ziel der Wissenschaft ist demnach gerichtet auf die volle Erkenntniss dieser Eigenschaften, deren Wesenheiten die Formen seien. Was dem sinnlich wahrgenommenen Inhalt als ein Primäres, wegen seiner Feinheit nicht Wahrnehmbares und doch mit Hilfe der Induction Erschliessbares zu Grunde liegt, dies eigentliche Wesen der wahrgenommenen Eigenschaft, scheine Bacon, wie v. Kirchmann (a. a. O. S. 183/84) mit Recht behauptet, sich hauptsächlich als eine Bewegung oder Gestaltung des Stoffes zu denken und desshalb mit dem Wort Form zu bezeichnen. Hier leuchte schon die Ansicht der modernen Naturwissenschaft hindurch, dass zuletzt die materialen Eigenschaften ihre Quelle in Bewegungen der Stofftheilchen haben. Aber wesshalb man nun bei der sinnlichen Wahrnehmung von Eigenschaften sich nicht beruhigen könne, das habe Bacon durch eine Unterscheidung zwischen Sein und Erscheinen begründet. Freilich erkläre Bacon in seinem berühmten Beispiel die entstandene Wärme nirgends als einen bloss subjectiven Zustand, aber die Gegenständlichkeit dieser sinnlich percipirten Eigenschaft sei keine elementare, sondern eben auf eine Form reducirbar. Ferner hebt von Kirchmann in einer Anmerkung zu N. O. II. 17 hervor, dass Bacon die Formen zwar Gesetz, aber nicht Ursache der Eigenschaft nenne. Die ganze Ansicht gipfelt in einem Dilemma: „Bacon steht an der Grenze der Ansicht von Locke; er neigt dazu, mit Descartes nur Stoff, Grösse, Gestalt und Bewegung als das allein Wirkliche in der Natur zuzulassen; allein er macht sich dies nicht völlig klar, und er hält desshalb an der Gegenständlichkeit aller Eigenschaften neben ihrer Form fest, wobei denn freilich die Frage immer von Neuem sich erhebt, was nun die Eigenschaften eigentlich sind, wenn sie neben ihren Formen noch selbst ein Gegenständliches sein sollen" (a. a. O. S. 234. Anm. 222).

Als jüngster Verehrer Bacons beschliesst JOHN NICHOL[28]) die bis jetzt besprochene Reihe von Schriftstellern. Auch er gleitet mit Vorsicht und Weisheit über die schwierige Materie der Formen hinweg und beschränkt sich darauf, den berühmten Landsmann gelegentlich als „*half mental half physical*" (a. a. O. Bd. II. S. 189) zu bezeichnen, was lebhaft an ein anderes „*half and half*" erinnert. Er beklagt (S. 229) in gewohnter Tonart[29]) Bacons Vernachlässigung der Lehre von der Pluralität der Ursachen und schliesst mit einer überaus sinnreichen Aufzählung der vier Bedeutungen, die Bacons Form nicht besitzt. Das einzig Positive, was er zu sagen weiss, ist: „*It approaches nearer to the Aristotelian εἶδος, but is not identical with it, because it has more to do with physical investigation*" (S. 184).

B. Von Kitchin bis Lasswitz.

Eine zweite Gruppe von Forschern hat sich einlässlicher als die genannten mit den Schwierigkeiten der Formenlehre abgegeben, nicht ohne freilich theilweise unnöthige logische Difficultäten hinzuzufügen. Hierher gehört, um auch hier der chronologischen Folge getreu zu bleiben, an erster Stelle G. W. KITCHINs Artikel „Ueber die Form".[30])

KITCHIN weist auf die Schwierigkeiten hin, welche für den englischen Commentator sich ergeben aus der Vieldeutigkeit des Wortes „Form" und aus den verschiedenen Anwendungen dieses Terminus, welcher physikalisch betrachtet die sichtbare Aussenseite (Contour) eines Körpers bezeichne und metaphorisch gesprochen gerade das Gegentheil davon, das was man nicht sehen kann: sodass die Form in letzterer Bedeutung als die eigentliche Sache gelte, von der die äussere Figur das Resultat, vielleicht bloss das Zeichen sei. Die scholastischen Conceptionen der Form, erstens als *natura naturans*, als *natura*, welche producirt „*which causes substances to differ one from another*", oder zweitens als *differentia vera*, als das Agens, „*by whose means kinds and classes are distinguished from each other*" — diese schwankende Doppelauffassung der Form theilt Bacon nach KITCHINs Auffassung. Bacon meine das verborgene Leben jeder Gattung, wenn er von ihrem *fons emanationis* spricht, auf der anderen Seite hingegen halte er die Form für identisch mit dem Naturgesetz. Aber es scheint KITCHIN, dass die Baconische Auffassung eines Gesetzes auf anderen Bahnen wandele als unsere moderne, und er findet eine Bestätigung für diese Differenz darin, dass die optischen Gesetze des Einfallens und Reflectirens — Gesetze in unserem Sinne — von Bacon niemals als *leges* oder *formae* betrachtet werden. Unsere Gesetze involviren den Begriff der Operation, der Bewegung, des Wechsels; die seinen sollen bloss das innere Leben der Dinge, die *causae influxae, immanentes, formales* bezeichnen; sie sind Bedingungen von Existenzen und beziehen sich durchaus nicht auf Processe. Von Gesetzen in unserem Sinne kann, wie KITCHIN meint, bei Bacon nirgends die Rede sein. Der Erklärer beruft sich auf die Stelle: *Quod in natura naturata lex, in natura naturante idea dicitur* und interpretirt sie so, dass es sich um dieselbe Sache handele, welche für den Beginn der Entstehung Idee, für den vollendeten Process Gesetz genannt werde.

KITCHIN untersucht nun die Unterschiede zwischen den verschiedenen „Arten von Formen". Er erläutert die *formae copulatae* als Resultate von „*crossing breeds*" und glaubt in ihnen ein Hinausgehen über die Grenzen der Natur zu finden: das Aufpfropfen eines Apfels auf einen Birnbaum sei ein treffendes Beispiel. Richtiger als diese wunderliche Auffassung ist KITCHINs Unterscheidung der wahren Formen von den *ideae abstractae*, deren übersinnlichen Charakter er hervorhebt. Er schliesst diesen Theil mit den Worten: Weder das Naturgesetz, dem die Dinge gehorchen, noch die archetypale Form ist gemeint; die erstere ist unter, die letztere über Bacons Auffassung. Was Bacon mit seinen Formen wollte, das war eine Ergründung der letzten Principien: er habe gestrebt, das Geheimniss der Natur kennen zu lernen, die wahre Hand des Gottes zu erfassen, „*who in His mercy has made all things good*" (a. a. O. S. 365).

ROBERT LESLIE ELLIS, der Mitherausgeber der siebenbändigen Ausgabe von Francis Bacons Werken (London 1857 sqq.) hat sich mit den Gedankengängen seines berühmten Landsmannes innig vertraut gemacht und bietet in der *General Preface*, sowie in den gelegentlichen Anmerkungen zu Textstellen eine wenn auch räumlich disparate, so doch innerlich sorgfältig an einander schliessende Darstellung seiner Gesammtauffassung der Baconischen Philosophie. ELLIS ist der Erste unter den Commentatoren, welcher den Namen Demokrit in Verbindung setzt mit Francis Bacon und dadurch das Dunkel lichten hilft, welches über dem Ausgangspunkt Baconischer Naturphilosophie lagert. Bacon liebte Demokrit und die atomistische Theorie und gab seiner Bewunderung für ihn wiederholten, allerdings nicht unbedingten Ausdruck. ELLIS bemerkt treffend, dass Bacons grosse That, bestehend in der Proclamirung der Identität (?) von Philosophie und Naturwissenschaft, die Vorliebe für Demokrit erkläre, wenn nicht begründen helfe.[31]) Auch seine Weltanschauung beruhe auf atomistischer Grundanschauung (für welche, nebenbei bemerkt, der Ausdruck „corpuscular" besser am Platze ist) und ihr, wie jeder atomistischen Theorie, sei es eigenthümlich, secundäre Qualitäten auf primäre zurückzuführen. Diese primären Qualitäten, die einfachen „Naturen", in ihren Formen zu erforschen, stelle sich daher als letzte Aufgabe der Naturphilosophie dar. Die Naturphilosophie gebe somit Antwort auf die Frage: wie arbeitet die Natur in Hervorbringung der Erscheinungen, und welche Bedingungen liegen den einzelnen Erscheinungen zu Grunde? Sie könne dies aber bloss unter der Voraussetzung, dass es ein *abcdarium naturae* gebe, welches uns ermögliche, die Hieroglyphen-Schrift der Welt zu entziffern. Daher verurtheile Bacon die Ansicht, dass die Anzahl der Erscheinungen ungemessen sei, und weise auf Demokrit hin, der zuerst bemerkt habe, dass der Anschein grenzenloser Verschiedenheit bei näherer Betrachtung verschwinde (*General Preface* S. 60). Im innigen Zusammenhange hiermit stehe Bacons Annahme von der Erkennbarkeit der Formen — im Gegensatz zur scholastischen Lehre von der Unerkennbarkeit der (übersinnlichen) *formae* — begründet darauf, dass diese sich bloss auf die primären Qualitäten der Körper beziehen. Wohl sei anzunehmen, dass Bacon den Uebergang von der gewöhnlichen Physik zur Metaphysik durch die Theilung der Eigenschaften der Körper in primäre und secundäre (essentielle und accidentelle) nicht mit vollem Bewusstsein vollzogen habe, aber eine solche Zweitheilung liege jedenfalls unbewusst dem System und der Formenlehre zu Grunde. Angenommen, wir hätten es mit Qualitäten, wie Warm oder Weiss, zu thun, so würden wir deren Formen durch Untersuchung erkennen können: z. B. die Form der Wärme in einer Art von räumlicher Bewegung der Partikeln, aus denen die warmen Körper zusammengesetzt sind (N. O. II. 20); die Form der weissen Farben in einer Art von Gruppirung dieser Theilchen (*Valer. Term.* II. 1). Diese besondere Bewegung oder Gruppirung entspreche der Hitze oder weissen Farbe und erzeuge dieselben, und zwar in jedem Falle, in welchem diese Qualitäten existiren. Die Constatirung des unterscheidenden Charakters der Bewegung oder Gruppirung, oder worin sonst die Form einer gegebenen Erscheinung bestehen möge, nehme die Gestalt eines Gesetzes an, durch dessen Erfüllung jede Substanz die Existenz der fraglichen Qualität bestimme. Aus diesem Grunde nenne Bacon manchmal die Form ein Gesetz (*General Preface* S. 29). Wenn wir uns jedoch daran erinnern, dass Bacon die Grenzlinie zwischen primären und secundären Qualitäten nicht mit vollem Bewusstsein gezogen hat, so können wir (nach ELLIS) resümirend sagen: Bacons Formenlehre ist auf die Theorie gegründet, dass gewisse Körper-Eigenschaften bloss subjectiv und phänomenal sind und als nothwendige Wirkungen anderer, der Substanz wesentlichen Eigenschaften betrachtet werden müssen.[32])

Zu der schwierigen Streitfrage, ob neben den Qualitäten noch ein Substanzbegriff in Bacons Philosophie anerkannt werden müsse, stellt sich ELLIS so, dass er die Frage bejaht und die Substanz als *causa immanens* bezeichnet (a. a. O. S. 28).[33])

Anschliessend an die vorher dargelegte Hauptauffassung von ELLIS spricht sich sein Mitarbeiter SPEDDING (*Collected Works* S. 230) über die Formenlehre aus. Er sucht die Baconische Corpuscular-Theorie von den Gesichtspunkten moderner Begriffe aus wie folgt zu rechtfertigen: „Wir wollen die Theorie Boscovichs adoptiren, welche die Basis der gewöhnlichen mathematischen Theorien von Licht, Wärme, Electricität bildet. Ihr zufolge nehmen wir an, dass alle Körper zusammengesetzt sind aus unausgedehnten Atomen oder Kraftcentren, von denen jedes anzieht oder abstösst oder angezogen bezw. abgestossen wird durch alle übrigen."[34]) Alle Naturerscheinungen werden also mechanischen Kräften zugeschrieben, und alle Unterschiede, die zwischen zwei Körpern, z. B. Gold und Silber, bestehend gedacht werden, können nur hervorgehen entweder aus der verschiedenen Configuration der Kraftcentren oder aus den verschiedenen Gesetzen, durch welche sie auf einander wirken. Die Wahrheit dieser Theorie angenommen, muss die Frage, warum einige Körper durchscheinend sind und andere nicht, d. h. die Frage nach den wesentlichen Ursachen oder Formen der Transparenz dahin beantwortet werden: eine gewisse Configuration der Kraftcentren combinirt mit der Existenz eines gewissen Kraftgesetzes constituire solch ein System, dass die Schwingungen des lichttragenden Aethers hindurchdringen. Welches diese Configuration oder dieses Gesetz sein mag, ist eine Frage, die der gegenwärtige Stand der mathematischen Physik zu beantworten uns nicht befähigt. Aber es existirt kein Gegengrund *a priori* dagegen, dass einmal die Zeit kommen wird, wo die völlige Lösung gegeben werden kann: dann werden wir die Form der Transparenz kennen."

Wir kommen nun zu einer Ansicht der Herausgeber der grossen Ausgabe Bacons, die befremdlich erscheinen muss und unserer Auffassung von der Stellung der Formen im System geradezu widerspricht; wir meinen die Ansicht von ELLIS-SPEDDING, dass die Lehre von den Formen *„an extraneous part of Bacons philosophy"*[35]) sei und dass Bacons eigenthümliche Methode unabhängig von der Formenlehre auf und in sich selbst begründet sei. ELLIS sucht dies nachzuweisen aus dem Umstande, dass die Formenlehre als Theil des Baconischen Systems weder im *Valerius Terminus*, noch in der *Partis secundae delineatio*, noch in *De interpretatione naturae sententiae duodecim* erwähnt sei. Untersuchen wir, ob dieser Grund stichhaltig ist. In dem Tractate *Valerius Terminus* giebt Bacon das Recept der wahren Induction und bezeichnet sie als *„the freeing of a direction"*[36]), indem er hinzufügt, dass dieses Freimachen einer Richtung nichts Anderes bedeute als die Auffindung der *causae formales*. ELLIS misst dieser Bemerkung Bacons aber keine besondere Bedeutung bei und hält sie nur für ein historisches Aperçu, welches zwar Zeugniss ablege für Bacons Neigung, die gebräuchlichen Ausdrücke der Scholastik mit neuem Inhalt anzufüllen, aber durchaus nicht seinen persönlichen (dogmatischen) Standpunkt kennzeichne. In der gleichen Absicht hebt der englische Erklärer hervor, dass die beiden letzten der obengenannten Schriften die aus dem ersten Aphorismus des zweiten Buches des N. O. bekannte Definition der Wissenschaft wiederholen, jedoch *„the aim and end of science"* in beiden Fällen nicht als Form, sondern als *causae* bezeichnen. Halten wir daneben, dass in dem *Advancement of learning* die Formen, losgetrennt von der praktischen wissenschaftlichen Thätigkeit, von der Induction, als ein Gegenstand der reinen Metaphysik erscheinen, so haben wir nach ELLIS' Anschauung Gründe genug für die Ansicht, dass die Formenlehre in der uns in den Hauptwerken vorliegenden Gestalt erst später in Bacons Seele entstanden sei. Da jedoch das Wesentliche ihres Inhaltes in der praktischen Operation der freigemachten Richtung einerseits und in den erwähnten Ursachen (*causae*) andererseits enthalten sei, so müsse die Formenlehre nicht bloss als späterer Bestandtheil, sondern auch als äusserliche Zuthat der Baconischen Philosophie beurtheilt werden.

Die Fadenscheinigkeit dieser Beweisführung fällt sofort in die Augen. Es ist ohne Weiteres zuzugeben, dass die behaupteten Thatsachen richtig sind: der Begriff des *freeing of a direction*, wie der der *causae*, war längst vorhanden, ehe das Wort Form mit seinen Zusammensetzungen und Ableitungen in der Phraseologie unseres Denkers sich findet. Aber aus dieser Thatsache folgt unseres Erachtens gerade das Gegentheil von dem, was Ellis aus ihr ableitet. Es geht zur Evidenz eben aus der Priorität der erwähnten Begriffe hervor, dass die Grundanschauungen, welche später in dem systematischen Zusammenhang einer Formenlehre geschlossen vor uns treten, von Anfang an als Pfeiler das Gesammtgebäude der Baconischen Philosophie stützten. Dass die leitenden Begriffe bei Bacon im Laufe der Jahre ihren Namen wechselten, kommt höchstens für eine philologische Untersuchung in Betracht — denn auch die Consequenz, die man allenfalls Ellis zugeben könnte, dass wenigstens der Ausdruck Form als äusserliches Ornament hinzugekommen sei, besitzt wenig Wahrscheinlichkeit. Wird man doch mit mehr Recht annehmen dürfen, dass der zusammenfassende Name Form als das Ergebniss andauernder Ueberlegung den Abschluss Baconischen Denkens bildet.

Gleichviel nun, wie es sich mit Entstehung und Stellung der Formenlehre verhalten möge, jedenfalls erfordert sie noch in der vorliegenden Form eine erklärende Untersuchung. Ellis-Spedding gehen dabei von der Ansicht aus, dass die beiden Arten, in denen Bacon von der Form spricht, nämlich als *ipsissima res* und als *lex*, sich, obwohl sie nicht vereinigt werden können, nur als zwei Ansichten desselben Gegenstandes unterscheiden. Die Form ist ihnen zufolge ein physikalischer Begriff, und die Erforschung der Formen von „Naturen" oder abstracten Qualitäten das Hauptziel der Baconischen Methode. Beachtenswerth erscheine, dass Bacon, obwohl er derartigen Untersuchungen den ersten Platz einräume, doch das Studium concreter Dinge als einen, wenn auch untergeordneten, Theil der Wissenschaft betrachte. ELLIS glaubt, dass Bacons Anerkennung der Physik als eines gesonderten Wissenschaftszweiges — gesondert von der Metaphysik oder Formenlehre — seine Erklärung finde in des Philosophen Hoffnung: das Studium der concreten Körper würde schliesslich erfolgreicher betrieben werden, als die abstracten Untersuchungen, zu denen er den ersten Anstoss gab (a. a. O. S. 32).[37])

Der letzte der hervorragenden englischen Interpreten ist Rev. FOWLER, der seine Ansichten in einem Commentar zum *Novum Organum* und in einem Artikel des *Dictionary of National Biography* niedergelegt hat. Er war anfänglich geneigt, unter dem Wort „Form" die verschiedenen Begriffe Ursache und Wesen vereinigt zu erblicken, kam aber später zu der Einsicht, dass alle die verschiedenen Schattirungen des Begriffes (*shades of meaning*) aus einer einzigen Conception sich erklären lassen.[38]) Diese Conception verzweigt sich nach zwei Richtungen hin: die eine wird durch Worte wie Wesen, Differenz, Definition, die andere durch: Gesetz, Ursache bezeichnet. Beide Auffassungen finden sich nur an einer Stelle[39]) zusammen. Für die erste Gruppe glaubt FOWLER den Baconischen Entwicklungsgang so zu finden, dass er unter Ausschluss rein zufälliger Attribute, die manchmal prädicabel sind und manchmal nicht, unterscheidet zwischen Attributen, die von anderen abzuleiten sind, wie Wirkungen von ihren Ursachen, und solchen, welche unabhängig und unableitbar sind. Letztere, die wesentlichen, constituiren zusammengenommen das Wesen eines Einzeldinges, einer Classe, einer Qualität. Wenn wir das Wesen in Worten auszudrücken uns bemühen, so zählen wir die wesentlichen Qualitäten auf oder construiren ihre Definition. Aber der wichtigste und am meisten charakteristische Theil der Definition ist die wahre Differenz. Wir sehen also, wie wir nach FOWLER, von der Conception eines Aggregates von primären Attributen ausgehend, fähig sind, die Ausdrücke wie: Wesen, Definition,

Differenz, als Synonyma der Form nach jener erstclassigen Auffassung zu verstehen.[40])

Bei Besprechung der zweiten Gruppe (Gesetz, Ursache) weist FOWLER darauf hin, dass die bezüglichen Stellen, in welchen die Form als *lex* etc. bezeichnet werde, auf die scholastische oder vielmehr Aristotelische Unterscheidung zwischen *potentia* und *actus*, δύναμις und ἐνέργεια sich gründen. Das Gesetz beherrscht den Process, durch den eine Qualität oder ein Körper sich herausentwickelt aus den präexistirenden Bedingungen und kann definirt werden als das Gesetz der Entwicklung oder Erzeugung irgend einer gegebenen Qualität.[41]) Ziehen wir die eben erwähnten präexistirenden Bedingungen ebensogut wie das Gesetz ihrer Entwicklung in Rechnung, so erhalten wir die Conception der Ursache in ihrer vollsten Ausdehnung und ersehen, wie das Wort Form durch Gesetz und Ursache ersetzt werden kann (a. a. O. S. 57).

Wie ist es nun möglich, fragt FOWLER, diese anscheinend divergirenden Ansichten der beiden Gruppen zu versöhnen oder in nahe Beziehung zu setzen? In geistreicher Weise charakterisirt er das praktische Interesse des Philosophen als das Bindeglied zwischen den anscheinend disparaten Auffassungen. Auf der einen Seite haben wir ein Aggregat von primären Attributen, von denen andere Attribute wie die Wirkungen von ihren Ursachen abgeleitet werden; auf der anderen Seite ein Gesetz, in dessen Gemässheit die fragliche Erscheinung oder aus dem, als ursächlich präexistirender Bedingung, sie sich entwickelt. Das will aber beides *in praxi* genau dasselbe sagen, denn sowohl aus dem Aggregat unableitbarer Attribute als auch aus den präexistirenden Bedingungen können wir praktisch eine Erscheinung hervorbringen, vorausgesetzt, dass wir das Gesetz des Processes kennen und eine *causa efficiens* als das *vehiculum formae* besitzen (a. a. O. S. 58). Daher sind Kenntniss des Wesens und Kenntniss der Ursache für alle praktischen Zwecke dasselbe. Um das Gesagte an zwei der bekanntesten Stellen des N. O. zu verdeutlichen: in jenem Eingangssatze, wo von der *natura naturans* die Rede ist (N. O. II. 1), soll es nach FOWLERS Auffassung heissen: die *natura data* resultire in gleicher Weise aus der Form, wie die secundären Eigenschaften aus den primären fliessen oder die Attribute aus der Substanz oder die Wirkungen in der Natur aus den immanenten Ursachen. Dann jene zweite Stelle, wo die Synonyma für Form sich häufen (N. O. II. 4). Hier kann unserm Gewährsmann zufolge der *fons essentiae* als die ursprüngliche Substanz betrachtet werden, welche einer Differenzirung fähig ist, die *natura data* als die neue von ihr erzeugte Substanz und die Form als das die Entwicklung des Einen aus dem Andern regierende Gesetz oder als die Summe der Attribute, welche, zu der ursprünglichen Essenz hinzugefügt, die *natura data* ergeben. „Wir wollen einmal beispielsweise annehmen", fährt FOWLER fort, „dass es möglich wäre, ein Bindemittel zu finden, oder eine gemeinsame Substanz, fähig durch Hinzunahme verschiedener *differentiae* Gold, Silber, Kupfer zu werden. Das Bindemittel, oder die gemeinsame Substanz würde den *fons essentiae* repräsentiren und Gold, Silber etc. die *naturae datae*. Dann können wir die Form beschreiben entweder als die Sondereigenschaften (Attribute), welche zum Bindemittel addirt die jeweilige *natura data* constituiren oder als die Bedingungen, unter welchen die *natura data* aus dem Bindemittel entwickelt wird, oder als das Gesetz des Processes, durch den die gemeinsame Substanz sich in die *natura data* verwandelt" (a. a. O. S. 343).

Nur mit wenigen Worten wollen wir noch eine letzte Ansicht FOWLERS berühren, die uns bereits bei anderen Commentatoren entgegengetreten ist. Auch FOWLER wirft Bacon vor, er habe das Gesetz von der Pluralität der Ursachen verletzt, aber er beschränkt diesen Vorwurf auf diejenige Gruppe, in der *forma* als Gesetz oder Ursache erscheint. Dass FOWLER sich mit dieser Behauptung auf nicht ganz sicherem Boden fühlt, ergiebt sich übrigens aus einer gelegentlichen Bemerkung.[43])

Tritt schon bei ELLIS (z. B. *Gen. Pref.* p. 31) die richtige Erkenntniss eines Dualismus in der Formenconception hervor, so ist doch der Inhalt seiner Gegenüberstellung, wie die spätere Exegese lehren wird, keineswegs eine zutreffende. Es blieb dem Scharfblick eines deutschen Gelehrten vorbehalten, die scheinbar unauflöslichen Schwierigkeiten zu beseitigen. CHRISTOPH SIGWART hat als Erster eine psychologisch und historisch begründete Analysis der Formenlehre vorgenommen. Er sprach das entscheidende Wort: „Die Baconische Methode will eine Methode nicht zur Auffindung von Naturgesetzen, sondern zur Auffindung von Begriffen sein" und mit sorglich feiner Hand hat er an anderer Stelle[43]) diese skizzenhafte Andeutung im Einzelnen ausgeführt. Für Bacon, so sagt er, haben der Begriff und seine Merkmale unmittelbare und reale Bedeutung „und wie sich der Begriff aus seinen Merkmalen zusammensetzt, so das concrete Ding aus seinen verschiedenen Naturen. Daneben ist er aber doch schon von den physikalisch-atomistischen Theorien seiner Zeit beeinflusst, denn er unterscheidet bei den einzelnen wahrnehmbaren Eigenschaften zwischen der uns erscheinenden Qualität der Empfindung (warm, weiss u. s. f.) und dem, was ihr objectiv entspricht; und dieses Objective sucht er in der Structur der Körper, in der Art, wie sich ihre kleinsten Theile zu einander verhalten; so ist hier z. B. die Ursache der weissen Farbe die Mischung eines durchsichtigen, fein getheilten Körpers mit Luft, weil gepulvertes Glas und Schnee weiss ist. Diese Voraussetzungen liegen zu Grunde, wenn er sich nun anschickt, die Methode zu beschreiben, nach welcher wir die Form einer sinnlich wahrnehmbaren Eigenschaft, z. B. der Wärme, zu bestimmen haben, d. h. dasjenige, was an den verschiedensten Stoffen (bei verschiedenen materialen Ursachen) und auf die verschiedensten Veranlassungen hin (bei verschieden wirkenden Ursachen, Reibung, Entzündung u. s. f.) eigentlich macht, dass die Körper warm sind." SIGWARTS eigene Gründe dafür, dass sich begriffliche Auffassungen von den letzten Weltelementen mit atomistischen vereinigen lassen, finden sich an einer anderen Stelle (Logik II. S. 200 ff. u. Kl. Schr. II. 31): „Darin liegt die Berechtigung der Aristotelischen Auffassung, dass die Form sowohl die geometrische, als die durch eine Zweckbeziehung bestimmte, dasjenige sei, was ein Ding zu einem Dinge, zu einem τόδε τι mache; und es ergiebt sich, wie der Begriff des Atoms und der Begriff der Form sich gegenseitig ergänzen; ersterer als Grenze der Analyse, dieser als Princip der begrifflichen Synthese".[41])

Auf dem von SIGWART gangbar gemachten Wege bewegt sich HANS HEUSSLERS Erklärung der Baconischen Formenlehre. HEUSSLER betont mit Nachdruck, dass die Formenlehre das theoretische Centrum der Baconischen Philosophie bildet; nicht die sogenannte Induction, sondern ihr logisches Prius steht in der beherrschenden Mitte. Dass sich Bacon mit Vorliebe auf Plato und Demokrit beruft, ist kein Zufall, denn von beiden hat er das Wichtigste in seine Formenlehre herübergenommen. Die letztere ist zunächst nichts anderes als die Platonische Ideenlehre. Sie bezweckt die Erkenntniss der εἴδη oder *formae* der Dinge. Wie Plato so unterscheidet auch Bacon die wesenhaften Formen von den vergänglichen Sinnendingen, sowie die *causae formales* von den *causae efficientes*, und die durch Idole gefälschte Welterkenntniss *ex analogia hominis* von der *ex analogia universi*. Aber in der Interpretation der Ideenlehre weicht Bacon von der Meinung Platos und seiner Schule ab. Während dieser in den Ideen transcendente Urformen erblickt, und der Platoniker Aristoteles die Ideen zu immanenten Entelechien umwandelt, unternimmt unser Denker eine ebenfalls immanente, aber corpuscular-mechanische Auslegung der Formen. In dieser Deutung der Ideen trifft nun Bacon mit Demokrits Weltanschauung zusammen, die bekanntlich eine corpusculare Anordnung und Bewegung der Massentheilchen behauptet. Bacon ist somit das geniale Unicum eines Demokriteischen Platonikers.

Sobald wir nun aber den Rahmen ein wenig dehnen, erweitert sich diese Formel zu der andern „Antik-Modern".

Plato ist mit seiner Transscendenz der Vertreter einer für uns vergangenen d. h. der mittelalterlichen Weltanschauung, Demokrit dagegen ist recht eigentlich der Prophet der modernen Naturauffassung. Was die antike Denkweise charakterisirt, ist vor Allem ihre „Dinglichkeit", d. i. die Verehrung der begrifflich gefassten Dinge und ihrer Eigenschaften als fester, objectiver Grössen, sodann die Teleologie. Was dem specifisch modernen Geiste eigenthümlich ist, liegt in der Gesetzmässigkeit des Weltalls und in der die *causae efficientes* einseitig hervorhebenden Teleophobie.

Das ist das Wesentliche und Neue an HEUSSLERS Darstellung. Mit ihr trifft in vielen Punkten KURD LASSWITZ' Auseinandersetzung zusammen, soweit sie in der jüngst erschienenen „Geschichte der Atomistik vom Mittelalter bis Newton"⁴⁵) gegeben ist. Auch nach Lasswitz steht Bacon in der Mitte zwischen der antiken und der modernen Weltanschauung, denn er vermittele zwischen den im Sinne der Platonischen Ideen substantialischen Begriffen als den Bedingungen, welche die qualitative Beschaffenheit eines Naturdinges bestimmen, und dem mechanischen Process, dessen gesetzlicher Ablauf innerhalb der Materie sich als concrete sinnliche Erscheinung darstellt. „Er sucht nach dem Begriff, welcher die Bedingung des Naturgeschehens und des Naturerkennens zugleich enthält, und indem er ihn sowohl als „Form" wie als „Gesetz" bezeichnet, zeigt sich in dem Denken das Ringen nach jenem Uebergange, welcher sich zu jener Zeit in der Schöpfung der Naturwissenschaften zu vollziehen begann" (a. a. O. S. 414). Francis Bacon habe geglaubt, die Demokriteische Atomistik durch die Voraussetzung einer immanenten Gesetzmässigkeit⁴⁶) als einer ursprünglichen Anlage in den Dingen ergänzen zu müssen, und diese Gesetzmässigkeit habe er Form genannt. Der englische Philosoph versuche, die in der Materie sich entfaltenden Wirkungen durch einen Begriff zu fixiren, welcher das Gesetz ihrer Wirksamkeit ausdrückt (S. 418). Trotz dieses fehlerhaften Platonismus sei Bacons Gesammtauffassung des Weltgetriebes als ein Zusammen von Materie, Form und Bewegung d. h. als ein actuelles Geschehen eine Ueberwindung des Systems der substantiellen Formen. „Dass man das Qualitative in der Natur, wie es den menschlichen Sinnen erscheint, nicht als das Ursprüngliche zu betrachten hat, sondern nach dem allgemeinen Gesetze suchen muss, welches die Einzelerscheinung umfasst, und dass dieses Gesetz im Grunde, wie sich an dem von Bacon ausgeführten Beispiel der Wärmetheorie zeigt, eine Gattung der Bewegung ist, das sind Grundgedanken, welche als richtungweisend bestehen bleiben, wenn auch der Weg zu diesen Gesetzen selbst noch im Dunkel liegt" (S. 435/436).

Wir gehen nunmehr zu der von HEUSSLER (a. a. O. S. 83) geforderten systematischen und theilweise auch philologischen Erörterung der Formenlehre über und stellen an den Anfang derselben eine kurze Erklärung der bei Bacon häufigsten Termini, damit wir nicht später genöthigt sind, den Gang der Untersuchung durch eingeschobene Worterklärungen zu unterbrechen.

III. Terminologisches.

Das Verständniss von Bacons Schriften wird wesentlich erschwert durch seine Eigenthümlichkeit, für neue Begriffe möglichst Bezeichnungen und Ausdrücke anzuwenden, die er bei den Früheren, insbesondere bei den Scholastikern vorfand. Es leitete ihn dabei, wie er selbst zugesteht, die Absicht: „*ut tam in praemisso vocabulo Metaphysicae quam in aliis, ubi conceptus et notiones nostrae novae sunt et a receptis recedunt, maxima certe cum religione antiqua vocabula retineamus*" (*De augm.* III. 4 p. 548). Aber zahlreiche Missverständnisse waren die Folge dieses seltsamen Verfahrens und schon ältere Kenner, wie DUGALD STEWART, führen darüber Klage. Auch KITCHIN tadelt (a. a. O. S. 133 Anm. 2

zu N. O. II. 1), dass Bacons Sprache nicht frei sei von *terminis technicis* der Scholastiker, und dass seine Gedankendarstellung überhaupt der Klarheit entbehre. Unter den Neueren beschäftigt sich EUCKEN mit dieser Seite von Bacons Schreibweise. Auch er constatirt, dass der englische Philosoph im Wesentlichen die mittelalterliche Terminologie anwende und erläutert ausführlich die Consequenzen, die durch Verschiebung des Sinnes eines Terminus sich ergeben können. Man kann den folgenden Satz Wort für Wort auf Bacon anwenden: „Wenn der Begriff, dem ein Terminus dient, im wissenschaftlichen System eine andere Stellung erhält, so muss das natürlich auf das Wort zurückwirken."[47])

Dies wenige Allgemeine vorausgeschickt, gehen wir nun zu dem Einzelnen über und beschäftigen uns zuerst mit dem Wege, der zu Erkenntniss der Formen führt, mit der Induction. Wie Bacon den Ausdruck „Natur" sowohl im allgemeinen, die gesammte Erscheinungswelt umfassenden Sinne gebraucht als auch im technischen, primäre Qualitäten bezeichnenden[48]), so versteht er unter Induction in erster Linie das, was wir oben erläutert haben, daneben aber bezeichnet er auch so bisweilen die Hülfsmethode, deren Zweck die Bildung wissenschaftlicher Begriffe ist (vgl. N. O. II. 19; I. 19). Diese zwei Bezeichnungen fallen aber in der Sache zusammen; es ist dieselbe Induction, welche zur Erörterung der Begriffe von Naturen und zur Gewinnung von Axiomen über die Formen führt (N. O. I. 104). Was mit Axiomen eigentlich gemeint ist, lässt sich schwer entscheiden. „Das 'Axiom' über die 'Form' der Wärme ist sozusagen der wahre 'Begriff' dieser Natur" (HEUSSLER a. a. O. S. 150). Wahrscheinlich sind die Axiome die in Urtheils(Gesetzes-)form explicirten Formen selbst, während diese zunächst nur begriffliche Form haben. Das Axiom würde sich also zur „Form" ebenso verhalten wie die Definition zum Begriff. Zur Auffindung von Axiomen führt nun die Induction über die gleich Stationen angeordneten *instantiae* d. h. exemplarische Vorkommnisse. Zwei Classen der *instantiae* sind besonders bemerkenswerth: die *instantiae positivae* und die *instantiae negativae*. Jene bezeichnen Fälle, in denen die zu untersuchende Erscheinung, z. B. die Wärme, vorhanden ist, diese solche, wo unter ähnlichen Bedingungen die fragliche Erscheinung nicht stattfindet. Die Aufzählung der übereinstimmenden positiven Instanzen bildet die *tabula essentiae et praesentiae*, die der contradictorischen negativen die *tabula declinationis sive absentiae*. Der Weg führt also über zwei Brücken: über die der *reiectio* und die der *vindemiatio*, d. h. über die der Ausschliessung der unwesentlichen und die der Einsammlung der wesentlichen Bedingungen. Die Hauptstationen auf diesem Wege sind die *praerogativae instantiarum*, die vom Alltäglichen eximirten Vorgänge oder Zustände, welche vorzugsweise (*praerogative*) zur Einhaltung des richtigen Weges bei der inductiven Auffassung der Naturgesetze geeignet sind. Desshalb sagt Bacon einmal gelegentlich, dass ein solcher vornehmster Fall für viele gelten könne.[49]) Als Beispiele der *praerogativae* nennt Bacon: die *instantiae conformes* (N. O. II. 27) als Sammlungen von gleichartigen Beobachtungen, ferner *instantiae crucis* (N. O. II. 36) und die von Bacon an erster Stelle genannten, *instantiae solitariae*, welche ein und dieselbe Eigenschaft bei verschiedenen Dingen, die sonst nichts mit einander gemein haben, zeigen. *Instantiae migrantes* zeigen die gegebene Eigenschaft in dem Act des Erscheinens und Verschwindens (N. O. II. 23) u. s. f.

Wir müssen nunmehr den Ort der „Formen", d. h. die Metaphysik auf ihre Termini hin untersuchen. Die Metaphysik im Sinne Bacons unterscheidet sich von der Metaphysik des Aristoteles, unter welcher wir die πρώτη φιλοσοφία verstehen, durchaus. Zwar kennt Bacon auch eine „erste Philosophie", aber diese ist nicht nur der Metaphysik und Naturwissenschaft, sondern aller Wissenschaft, auch der Theologie und Anthropologie, übergeordnet. Die Metaphysik dagegen steht nur an der Spitze der Naturwissenschaft, aber auch sie bezeichnet wieder zwei gänzlich verschiedene Begriffe: auf der einen Seite nämlich ist sie als theoretische

Formenlehre eine Philosophie der Physik mit der Magie als operativer Parallele, auf der andern Seite ein an die Theologie streifender, die **Endzwecke** erforschender, unfruchtbarer und gänzlich gleichgültiger Theil des ideellen Systems. Die Metaphysik, mit der wir zu thun haben, behandelt also nicht die *causa finalis*, sondern die *causa formalis* im Gegensatz zu der mit der *causa materialis et causa efficiens* beschäftigten Physik. Zwischen dieser concreten Physik und der Metaphysik steht nun jedoch noch eine **abstracte** Physik, welche die „Naturen", abgesehen von ihrem Vorhandensein in bestimmten Körpern, untersucht. Wesshalb sie eigentlich vorhanden ist, was überhaupt eine Wissenschaft von „Naturen" neben einer Wissenschaft von den „Formen" noch soll, könnte uns nur Bacon selbst beantworten.

In der concreten Physik des N. O.[50]) spielen die Begriffe des *latens schematismus* und *latens processus* die Hauptrolle. Die Summe aller molecularen Bewegungen in einem concreten Körper durch alle seine Naturen hindurch ist sein *latens processus* (vgl. *Part. inst. sec. del.* III p. 555). Die Summe aller seiner molecularen Lagerungsverhältnisse durch alle seine Naturen hindurch ist sein *latens schematismus*. Wenn einzelne Naturen Schematismen sind, wie die weisse Farbe, einzelne Bewegungen, wie die Wärme, so repräsentirt ein concreter Körper sowohl ein System von Bewegungen als auch ein System von Lagerungsverhältnissen."[61]) Der *latens processus ad formam* hat die *natura* zum *effectus* (vgl. S. 61; HEUSSLER S. 174), indem er die potentiale Form mit Hülfe der *causa efficiens* zur actuellen erhebt; und was den Begriff des *actus purus* angeht, so werden wir an späterer Stelle (Seite 57) darauf zurückkommen. Der Zusammenhang dieser Begriffe mit dem der Form ist von HEUSSLER hervorgehoben worden: „Die von der Vorstellung des räumlichen Zusammenseins ausgehende Analyse führt Bacon zu einer corpuscularen Auffassung der Materie und zum Begriff des verborgenen Schematismus der concreten Körper, weiter zur Auflösung dieser letzteren und damit der gesammten Natur in eine begrenzte Anzahl einfacher „Naturen", die theils wieder als Schematismen, theils als Bewegungsarten gedacht werden, endlich zur Zurückführung aller secundären Qualitäten auf primäre, oder, was dasselbe sagen will, zur Auffassung der im Innern der erscheinenden Natur verborgenen realen „Formen" oder „Wesenheiten" oder „Gesetze" jener phänomenalen einfachen Naturen" (a. a. O. S. 108).

Aus dieser Bedeutung der Formen ergiebt sich dann schliesslich die Erklärung für die Worte Magie und *superinductio*, denen wir gelegentlich begegnen werden. Wer die Formen der Naturen kennt, kann diese letzteren erzeugen[2]) — das ist Magie, und er kann sie den Körpern mittheilen — das ist *superinductio*.

IV. Systematisches.

A. Die Form als Wesen oder Begriff.

1. Allgemeines.

Nachdem wir uns Klarheit verschafft haben über die wichtigsten Ausdrücke der Baconischen Terminologie, schreiten wir nun zur Erläuterung der Stellen, aus denen eine tiefere Einsicht in die Bedeutung der *forma* geschöpft werden kann. Die Hauptstellen, welche die Formenlehre behandeln, finden sich zunächst in der Jugendschrift *Valerius Terminus* und alsdann in den beiden Hauptwerken. Das *Novum Organum* enthält durch die beiden Bücher verstreut wichtige Stellen; besonders inhaltsreich aber sind die ersten neun Aphorismen des zweiten Buches und die in demselben dargestellte Theorie der Wärme. Aus dem Werke *De augmentis* erweist sich als besonders ergiebig das vierte Capitel des dritten Buches. Auf diese Stellen beziehen wir uns in der Hauptsache, wenn wir nunmehr die Formenlehre betrachten, und zwar halten wir uns zunächst an die Reihe von Sätzen, in denen die Form unter der begrifflichen Beleuchtung erscheint; denn darüber kann kein Zweifel herrschen, dass wesentlich die Conceptionen der Form einerseits als Begriff (Wesen), anderseits als Gesetz den Maassstab für die Gliederung der zahlreichen Stellen abgeben. Stimmen darin doch nicht nur die englischen Commentatoren, sondern auch Sigwart und Heussler überein. Den Zugang zur ersten Gruppe verschafft uns am leichtesten der an einer hervorragenden Stelle des *Novum Organum* (II.1) stehende Satz: *Datae autem naturae formam sive differentiam veram sive naturam naturantem sive fontem emanationis (ista enim vocabula habemus quae ad indicationem rei proxime accedunt) invenire, opus et intentio est humanae scientiae.*

Um mit dem Letzten anzufangen, mit dem *fons emanationis*, so bietet uns dieser Ausdruck an sich keine sonderliche Hülfe; er gehört, wie Ellis richtig bemerkt, zu den philosophischen Bezeichnungen, durch welche mehr oder weniger erfolgreich die Klarheit des Begriffes mittelst der Metapher erhöht werden soll, und besagt nichts weiter als das der Erscheinung zu Grunde liegende Wesen. Unstreitig aber hat dieser an den zeitlichen Vorgang des Hervorquellens sich anlehnende Ausdruck zu der bereits im historischen Theil von uns gerügten Verwechslung von *causa formalis* und *causa efficiens* mit beigetragen.

Ergiebiger ist die vorhergehende Wendung *natura naturans*. Im Gegensatz zu der *natura naturata* dient dieser schon der Scholastik bekannte Terminus[53]) in passender Weise dazu, die Beziehung auszudrücken, in welcher die Form zu der aus ihr hervorgegangenen Erscheinungs-„Natur" steht. *Natura naturans* bezeichnet gleichsam die bedingende Innenseite, im Gegensatz zur *natura naturata*, der durch sie bedingten Aussenseite; jene meinen wir, wie Fowler treffend bemerkt, wenn wir etwa ausrufen „wie wundersam arbeitet die Natur", diese, wenn wir sagen „wie schön ist die Natur".[54])

In dem dritten Ausdruck: *vera differentia* tritt die eminent begriffliche Auffassung der Form am entscheidendsten hervor.

Denn es liegt die Voraussetzung zu Grunde, dass das Wesen eines Dinges sich in einer Definition d. h. in einer Begriffsbestimmung offenbare. Von der Definition aber ist, wie wir wissen, der wichtigste Theil jenes specifische Kennzeichen das den zu definirenden Gegenstand von den andern Arten seiner Gattung **differenzirt**. Die *differentiae specificae* nun können bald einen wichtigen Punkt, bald einen nebensächlichen betreffen. In der richtigen Definition des Menschen als eines **zweibeinigen** unbefiederten Säugethiers wird ein nebensächliches Moment in den Vordergrund gerückt, erst in der Definition des Menschen als eines **vernunftbegabten** Säugethieres tritt die „wahre Differenz" zu Tage, welche den Menschen von den anderen Säugethieren unterscheidet.

Wenn so in der angezogenen Stelle eine Anzahl begrifflicher Aequivalente für die Form gegeben wird, so finden sich diese und andere natürlich noch an weiteren Stellen, von denen jetzt die hauptsächlichsten angeschlossen werden sollen. Zu dem Satze: *forma vera talis est ut naturam datam ex fonte aliquo essentiae deducat*[55]) bemerkt FOWLER (a. a. O. S. 343 Anm. 28), dass der *fons essentiae* als die Gattung und die *natura* als die Art betrachtet werden muss. Die *natura data* lasse sich nur dann aus der Wesensquelle ableiten, wenn die *vera differentia* oder Form hinzukomme. Die Form also als Mittel, aus einer nach allen Himmelsgegenden sich verzweigenden Strömung diesen oder jenen Lauf bestimmend herauszuheben, wäre die *forma sive differentia vera*. Ebenso erkläre es sich, dass an einem anderen Orte (N. O. II. 15) die aufzufindende Natur als *limitatio naturae magis communis* bezeichnet wird; sei doch in der That die jener aufzufindenden Natur zu Grunde liegende Form nichts Anderes, als die Art bildende Beschränkung einer allgemeinen Gattungsbestimmung. Diese Ansicht erläutere Bacon im 20. Aphorismus desselben Buches, wo verschiedene *differentiae* des Begriffes der Bewegung vorgeschlagen werden, um die Wärme als eine *limitatio* der letzteren (FOWLER p. 397) erscheinen zu lassen, und in demselben Aphorismus wird nochmals ausdrücklich die Form mit der *definitio vera* identificirt (FOWLER p. 404).

Es entsteht nun die Aufgabe, die so skizzirte Anschauung mit einer anderen zu vereinigen, nach der die Form als *res ipsissima* erscheint. Wollte man nämlich mit haarspalterischer Genauigkeit die nachfolgende Stelle auf ihre Uebereinstimmung mit den vorher angeführten untersuchen, so würden sich starke Bedenken einstellen. Im 13. Aphorismus heisst es: *cum enim forma rei sit ipsissima res; neque differat res a forma, aliter quam different apparens et existens, aut exterius et interius, aut in ordine ad hominem et in ordine ad universum; omnino sequitur ut non recipiatur aliqua natura pro vera forma* .. (FOWLER p. 374/375). Nach der eben erörterten Anschauung nämlich entspricht jedem objectiven Einzelding logisch die Vereinigung von Gattung und Differenz, also mehr als die *forma*, die uns bisher nur als *vera differentia* erschien. Aber man darf wohl jenes abgekürzte Synonym der Form, den Ausdruck *vera differentia*, nicht so urgiren, dass dadurch die *forma* in einen Gegensatz zu der *res (genus + differentia)* tritt, definirt doch Bacon selbst *forma* auch als *vera definitio* d. h. gleichfalls als Summe von *genus* und *differentia*.

Behalten wir im Auge, dass Wesen und Begriff für Bacon Correlat-Begriffe sind, die dasselbe ausdrücken, nur einmal objectiv ontologisch, das andere Mal subjectiv logisch, so erkennen wir, dass die citirten Stellen in der Hauptsache darauf hinauslaufen, die Form als begriffliches Wesen oder als wesentlichen Begriff darzustellen. Ebenso tritt in einer kleineren Gruppe von Stellen die essentiell-begriffliche Auffassung der Form deutlich zu Tage. Schon von dem letztangeführten Passus bemerkt der Commentator FOWLER, es gebe vielleicht in dem ganzen N. O. keinen einzigen Satz, wo es schwerer wäre, das Wort Form durch Gesetz („oder Ursache") zu ersetzen. Diese Stellen nun, in denen das Essentiell-Begriffliche vorwiegt, bieten im Uebrigen nicht genug des

Bemerkenswerthen, um sie hier ausdrücklich herzuzählen. Ob in dem Satze des 9. Aphorismus von N. O. II (FOWLER p. 352): *videlicet ut inquisitio formarum .... constituat physicam ....* die Formen in dem Sinne von Begriffen oder von Gesetzen gebraucht sind, erscheint auf den ersten Blick zweifelhaft, doch dürfte die Entscheidung vielleicht nach der ersten Seite fallen. Mit diesem Essentiellen hängt dann ein letztes Merkmal der begrifflich gefassten Form zusammen, dass sie nämlich im Flusse der Erscheinungen das Unveränderliche, Ewige, das ὄντως ὄν bildet. Als das Bleibende nennt Bacon N. O. II. 17 (FOWLER p. 391) die Formen „*leges illas et determinationes actus puri*" und II. 34 (FOWLER p. 446) „*veras sectiones naturae et mensuras rerum*"; desshalb werden die *causae formales* als bleibende zu den *causae fluxae (efficiens et materialis)* in Gegensatz gebracht; desshalb wird als das Ziel des menschlichen Geistes etwas „Unbewegliches" und „Festes" angegeben.[*])

Wir haben gesehen, dass die Bezeichnung der Form als „*vera differentia*" — *rerum formas essentiales seu veras differentias* sagt Bacon (*De augm.* III. 4, ELLIS I. 564) — gewissermaassen eine Abkürzung von „*definitio*" ist, indem sie *partem pro toto*, also eine Synekdoche giebt; dieses Verhältniss wird aber völlig getrübt, wenn man mit den englischen Erklärern[**]) vernachlässigt oder verkennt, dass nur „Naturen" direct auf „Formen" zurückzuführen sind. Freilich besitzen auch die zusammengesetzten Dinge ein Wesen, eine Form; aber über die Erkennbarkeit dieser *forma copulata* hat sich Bacon stets sehr skeptisch ausgesprochen. Von einer besonderen Substanz neben den Qualitäten, oder gar von einer *forma substantialis* neben einer *forma qualitativa*, wie bei Scotus Erigena, kann bei Bacon gar keine Rede sein. Der einzige Substanz-Begriff, den man Bacon zuschreiben könnte, ist ein *Concretum* vieler Eigenschaften oder *naturae* und führt somit direct zu Lockes Substanzbegriff. Im Gegensatz zu dieser concreten *substantia sive creatura* steht die *natura* als abstracte Eigenschaft (s. HEUSSLER S. 76. 91. 107. 171. 198).

Jede abstracte Eigenschaft lässt sich definiren (oder in ihrem Wesen durch die *differentia vera* charakterisiren) — dies ist mit dem Abzug der zufälligen und der Rückführung auf die nothwendigen Bedingungen bei der Auffindung einer Form gemeint.

Um nun zu resümiren, was in Vorstehendem über die begriffliche Auffassung der Form ausgeführt ist, so haben wir gesehen, dass der erklärende Ausdruck *natura naturans* gewissermaassen auf die bedingende Innenseite der Natur hinweist (ohne der dynamischen Weltansicht anzugehören). Die *natura naturans* kann demnach als inhaltsgleich betrachtet werden mit der *ipsissima res* und mit den *determinationes actus puri* oder *mensurae rerum*. Das *ipsissimum* aber ist das Wesentliche, und das Wesentliche spricht sich in der Definition aus und zwar in ihr besonders durch die *differentia specifica* — so hangen die verschiedenen Ausdrücke zusammen.

2. Verhältniss zu Platos Ideen.

Wenngleich in dem wichtigen Urtheil über Immanenz oder Transscendenz der Formen oder Ideen Bacon sich mehr an Aristoteles[28]) als an Plato anschliesst, ohne des Ersteren dynamische Fassung zu theilen, so muss man doch sagen, dass er in manchen Hauptpunkten unzweifelhaft in den Spuren des ältern Denkers wandelt. So scheint er die Platonische Auffassung der gleichsam hierarchischen Abstufung der Ideen theilweise übertragen zu haben auf seine Formen, worüber er an verschiedenen Stellen des N. O. handelt. Wir beschränken uns auf die Anführung des 26. Aphorismus im zweiten Buche des N. O. (Fowler p. 420/422), wo es (nach der von Kirchmann'schen Uebertragung) heisst:

„Zu den vornehmsten Fällen rechne ich fünftens die begründenden Fälle, die ich auch die Fälle in Bündeln nenne. Sie bilden eine besondere Art der untersuchten Eigenschaft, gleichsam eine untergeordnete Form. Denn da die richtigen Formen, die immer in die untersuchten Eigenschaften sich umwandeln, tief verborgen und nicht leicht zu entdecken sind, so erfordert es die Sache und die Schwäche des menschlichen Verstandes, dass besondere Arten der Form, welche eine Anzahl von Fällen, aber nicht alle, in einen gemeinsamen Begriff zusammenfassen, nicht vernachlässigt, sondern sorgfältig beachtet werden. Denn Alles, was die Natur wenn auch in unvollkommener Weise verbindet, bereitet den Weg zur Entdeckung der Form. Desshalb sind die in dieser Beziehung nützlichen Fälle in ihrer Bedeutung nicht zu unterschätzen und gehören mit zu den vornehmeren. Doch hat man sich dabei sorgfältig umzusehen, und wenn die Auffindung mehrerer solcher Formen gelungen und danach Abtheilungen oder Eintheilungen der untersuchten Eigenschaft gemacht worden sind, darf der Verstand sich dabei nicht beruhigen und die rechte Auffindung der grossen Form nicht bei Seite lassen und nicht voraussetzen, dass die Eigenschaft schon von der Wurzel aus eine vielfache und getheilte sei, und somit die weitere Zurückführung der Eigenschaft auf eine als ein Geschäft ablehnen und wegschieben, was nur zu unnützen Spitzfindigkeiten und blossen Abstractionen führt."

Um den zunächst wenig durchsichtigen[59]) Begriff niederer oder höherer Formen verständlich zu machen, müssen wir uns einer ähnlichen aufsteigenden Anordnung in dem Gebiete der Induction erinnern. Das letzte Ziel derselben ist, so sahen wir in der Einleitung und bei der Besprechung der Terminologie, die Form bezw. das *axioma summum*, beides im Grunde dasselbe, obwohl verschieden nüancirt. Da nun die Induction nicht mit einem Sprung zu dem höchsten Axiom gelangt, sondern langsam über die *axiomata infima* und *media* sich hinbewegt, so erhellt eine gewisse Berechtigung dafür auch auf der anderen Seite, unter die letzte und höchste Form eine Reihe hierarchisch geordneter *formae particulares* zu stellen. Bacon begründet das im 104. Aphorismus von N. O. I: „.... aber um die Wissenschaften wird es nur dann gut stehen, wenn man auf einer richtigen Leiter von Stufe zu Stufe ohne Unterbrechung und Sprünge von dem Einzelnen zu den unteren Lehrsätzen, dann höher zu den mittleren und nur zuletzt zu den allgemeinsten aufsteigt." Und nun giebt der Philosoph eine nähere Bestimmung über den Werth der verschiedenen Lehrsätze, eine Bestimmung, die im grossen Ganzen auch auf die natürlich parallel laufenden stufenweise allgemeiner werdenden Formen übertragen werden kann: „Denn die untersten Sätze sind wenig von der Erfahrung des Einzelnen verschieden; aber jene ersterwähnten höchsten und allgemeinsten sind nur Ausgeburten des Denkens, inhaltslos und unzuverlässig. Dagegen sind die mittleren Sätze die wahren zuverlässigen und lebendigen, auf denen das Leben und Wohl der Menschen beruht. Ueber diesen stehen endlich auch ganz allgemeine Grundsätze, aber solche, die nicht inhaltslos sind, und die durch jene mittleren Sätze in Schranken gehalten werden."

An dieser klaren Gegenüberstellung lassen wir es uns genügen, ohne nach Art der englischen Interpreten[60]) durch die künstliche Hineintragung von „*form nature*" und „*phaenomenal nature*" das Verständniss zu erschweren. Jene tritt in ein um so helleres Licht, wenn ihr historischer Ursprung mit berücksichtigt wird: Bacon denkt sich offenbar nach Analogie der consequent ausgedachten Platonischen Ideenlehre die Formen in einem Verhältniss der Ueber- und Unterordnung. Aber er kommt, wie sein grosser Vorgänger, über unbestimmte Andeutungen nicht hinaus. Das naheliegende Beispiel: die Formen aller Arten der Wärme seien *formae minores* im Vergleich zur *forma maior* der Wärme überhaupt, diese wieder *forma minor* im Vergleich zur *forma magna h. e. maxima* aller corpuscularen Bewegung überhaupt — dieses Beispiel verhilft uns um so weniger zu einer ganz präcisen Vorstellung der *forma magna*, als Bacons Begriff der Bewegung durchaus im Dunkeln bleibt.[61]) Jedenfalls erhalten jetzt die bereits früher (S. 43 u. Anm. 54) erwähnten Worte von der „*limitatio naturae notioris instar generis veri*" (N. O. II. 4, FOWLER p. 343) eine erhöhte Klarheit, indem sie nun auf der Voraussetzung einer sich stets verallgemeinernden

Formen- bezw. Begriffsscala zu beruhen scheinen. Berücksichtigen wir nun, dass diese Scala mit Nothwendigkeit zu einem Letzten, Allgemeinsten führen muss, und nennen wir dies die grosse Form, so können wir sicherlich von der *forma magna* aussagen, dass sie „*notior est naturae quam ipsa forma*" d. h. als die speciellere Form.

Von der *forma magna* ist wohl zu unterscheiden die *forma vera*. Diese stellt nicht die letzte, höchste Form dar, sondern nur die richtig gefasste, wie *forma falsa* die unrichtig gefasste Form einer einzelnen Natur. Daher giebt Bacon der *forma vera* die synonymen Beiwörter: *affirmativa, solida, bene terminata* (N. O. II. 16) und spricht von den „*prodendae falsae formae*" (N. O. II. 37). Das wichtigste Synonym der *forma vera* ist: *bene determinata in materia* (vgl. HEUSSLER S. 174 f. Anm. 164, 165); denn, um es immer von Neuem hervorzuheben, in der Frage: Immanenz oder Transcendenz gehört unser Philosoph zu den erbittertsten Gegnern Platos. Er sagt einmal, die Formen seien „der wahre Gegenstand der Wissenschaft" und fügt dann hinzu: „Plato hat die Frucht dieser so wahren Ansicht verloren, indem er von der Materie gänzlich abgetrennte, nicht innerhalb der Materie begrenzte Formen betrachtete und festhielt: woher es gekommen ist, dass er zu theologischen Speculationen abbog, was seine ganze Naturphilosophie verunreinigt und befleckt hat" (*De augm.* III. 4, ELLIS p. 565).

Er kommt ferner auch in der Auffassung des Verhältnisses Gottes zu den Formen nicht mit Plato überein. Während bei Plato die höchste Idee, die des Guten, personificirt wird zu dem $\delta\eta\mu\iota\text{o}\nu\varrho\gamma\acute{o}\varsigma$, stellt Bacon Gott über alle Formen: „*Deum enim semper excipimus*" (*De Sapientia veterum*), nämlich aus dem Naturzusammenhang. Für Bacon ist Gott nicht die höchste Idee, sondern der über allen Ideen stehende Schöpfer des Weltalls. So heisst es N. O. II. 15 (FOWLER p. 389): ... *At omnino Deo (formarum inditori et opifici) aut fortasse angelis et intelligentiis competit formas per affirmationem immediate nosse, atque ab initio contemplationis* ...

Ein weiterer Gegensatz zu Plato und zu der auf ihm fussenden Scholastik spricht sich in einer zunächst sehr überraschenden Weise aus. Man hat das Gefühl, als würde Einem der Boden unter den Füssen weggezogen, wenn man beispielsweise liest: *„formae commenta animi humani sunt"* (N. O. 1. 51). — Wie? Der Vertreter einer Formenlehre als des Fundaments einer Naturphilosophie erklärt die Formen für ein blosses Hirngespinst? Er spricht davon, dass man an der Auffindung der Form verzweifle? Das lässt sich eben nur dann erklären, wenn man den Kampf gegen Plato berücksichtigt und jene zurückgewiesenen Formen als die ἰδέαι der griechischen Philosophen auffasst. Schon die angeführte Stelle spricht deutlich dafür. Denn neben die Prädicirung der Formen als Erdichtungen des menschlichen Geistes tritt der einschränkende Nachsatz *„nisi libeat leges illas actus formas appellare"*. Hier unterscheidet also ersichtlich Bacon seine Formen von anderen, und dass jene anderen die aus der Platonischen und Aristotelischen Philosophie in die Scholastik übergegangenen ἰδέαι (εἴδη; *formae substantiales*) sind, darüber kann kein Zweifel herrschen. Formen, welche eine übersinnliche Existenz haben, unabhängig von und ohne Beziehung zu der Materie sind dem realistischen Sinne des Engländers ein Idol. So heisst es mit deutlicher Beziehung auf den historischen Zusammenhang: *Invenitur etiam hoc genus mali in partibus philosophiarum reliquarum introducendo formas abstractas ....* (N. O. I. 65). Abstract sind solche Formen, weil sie von der Materie abgezogen sind, im Gegensatz zu den in der Wirklichkeit wurzelnden; und für solche Formen allein gilt das Wort: *formae inventio habetur pro desperata* (N. O. II. 2, vgl. I. 75). *Licet enim*, so heisst es einige Zeilen später, *in natura nihil vere existat praeter corpora individua*. Ein energischer Protest gegen die Denkweise Platos und der mittelalterlichen Realisten! Deren *primae partes essentiae*[2]), in denen sie die letzten Gründe der Wirklichkeit suchten, unterscheidet Bacon scharf von seinen eigenen Formen, die, wie immer ihr genauer Charakter sein mag, nur in der Stoffwelt existiren und nur durch eine Analyse der Materie zu erreichen sind. Sie sind nicht primär im Sinne der *universalia ante rem*: Bacon tadelt es als einen Irrthum, wenn man glaube, *esse in natura quasdam formas rerum primarias quas natura educere molitur* (N. O. I. 66, FOWLER p. 244). Derartige ausser aller Erfahrung liegende übersinnliche metaphysische Essenzen könnten natürlich nicht durch die prosaische Forschung aufgefunden werden: *hinc opinio, quod formae sive verae rerum differentiae (quae revera sunt leges actus puri) inventu impossibiles sint et ultra hominem* (N. O. I. 75).[63]) An allen angeführten Stellen handelt es sich also um einen Gegensatz zu Plato und seinen übernatürlichen *formae* (sowie zu den Skeptikern). Das Verdammungsurtheil gilt nur den *formis et ideis abstractis, aut in materia non determinatis aut male determinatis* (N. O. II. 17).

Wir haben vorhin das Wort „Idol" gebraucht. Auch Bacons Lehre von den Idolen im Gegensatze zu den Formen (Ideen) ist halbwegs platonisch. Während die Formen die wahre, ewige Welt darstellen, repräsentiren die Idole die vergängliche, trügerische Welt des Menschen; während die Formen uns Wissen und Macht verleihen, — bei Plato ἐπιστήμη —, führen die Idole zu einer durch *anticipatio mentis* getrübten Welterkenntniss *ex analogia hominis*, also zu dem, was Plato δόξα nennt. Indem nun die Formen als Schöpfungsgedanken Gottes aufgefasst werden, entsteht ein Gegensatz zwischen den von Gott gedachten Ideen einerseits, ihren Erscheinungen und den menschlichen Idolen andererseits. Es ist, sagt Bacon im N. O. (ELLIS I. 124) ein grosser Unterschied „zwischen den Idolen des menschlichen Geistes und den Ideen des göttlichen Geistes. Denn jene sind nichts Anderes als willkürliche Abstractionen: diese aber sind die wahren Stempel (*signacula*) des Schöpfers auf seinen Geschöpfen, wie sie in der Materie durch wahre und ausgesuchte Linien ausgedrückt und begrenzt werden." (Vgl. HEUSSLER a. a. O. S. 90 und S. 173 Anm. 149.)

3. Verhältniss zur Weltwirklichkeit.

Schon vermittelst dieser negativen Bestimmung übersehen wir das Verhältniss der Formen zu der uns umgebenden Wirklichkeit. Die Formen bilden den realen Wesenskern der sinnlichen Eigenschaften. Aus den letzteren setzen sich die eigentlichen Körper (Objecte) zusammen, folglich sind diese in ihrem Wesenskern nichts Anderes als ein Aggregat von Formen oder, wie Bacon es ausdrückt, eine *forma copulata*. Oder gehen wir umgekehrt mit dem analysirenden Naturforscher von der Oberfläche in das Innere der Körper, so entdecken wir zunächst die sinnlichen Qualitäten, dann überschreiten wir die Brücke von der Physik zur Metaphysik und finden die zu einer (Lockeschen) Substanz vereinigten Wesenheiten derselben, nämlich die Formen.[64]) Das Wort „Substanz" in der Bedeutung, die ihm später besonders Locke verliehen hat, findet sich übrigens bei Bacon selbst, wie das zweit- und drittnächste Citat beweisen werden. Man sieht nun leicht, um wie viel schwieriger es sein muss, ein solches Formenaggregat (*forma copulata; creatura*) zu bestimmen als die einzelne Form, und daher gilt es Bacon nur sehr bedingt für möglich, die Wesenheiten der in der Erfahrung gegebenen zusammengesetzten Dinge zu erforschen. „*To enquire the Form of a lion, of an oak, of gold, nay of water, of air, is a vain pursuit*" (*Adv. of learn.* II; III p. 355). Fast wörtlich (aber etwas weniger skeptisch im Ton) kehrt die Stelle in *De augm.* III. 4 wieder: ....*formam inquirendo leonis, quercus, auri, imo etiam aquae aeris operam quis luserit*. Aber die Form des Dichten, Dünnen, Warmen, Kalten ... und ähnlicher Eigenschaften sowohl Schematismen als auch Bewegungen ..., welche (gleich den Buchstaben des Abc) nicht so zahlreich sind und dennoch die Wesenheiten und Formen aller Substanzen ausmachen und zusammenhalten; das ist, sage ich, gerade das, was wir versuchen."[65]) Bald darauf heisst es begründend: ...*Substantiarum enim formae ... species inquam creaturarum ... ita perplexae sunt et complicatae, ut aut omnino de iis inquirere frustra sit, aut inquisitio earum, quales esse potest se poni ad tempus, et postquam formae simplicioris naturae rite exploratae sint et inventae, tum demum institui debeat.* Bacon denkt sich also das Verhältniss der Formen zu den ganzen Substanzen folgendermaassen: nach der Theorie besteht die Form eines Einzeldinges in der Combination von Qualitätsformen und lässt sich gewinnen durch Combination der Ergebnisse einer Anzahl von Untersuchungen über die Formen der einfachen „Naturen". Indessen bei der Lage der vorhandenen Kenntnisse erscheint die Schwierigkeit einer Ausführung dieser Combination fast unüberwindlich. Eben weil aber der Philosoph eine apriorische Entscheidung über die absolute Möglichkeit nicht wagt, so will er doch die Synthese so lange verschoben wissen, bis die Analysis der (grossen) Natur (*natura rerum*) vollendet sei, und die Formen ihrer einzelnen „*naturae*" bestimmt seien. An der Möglichkeit aber, erstens das *abcdarium* der grossen Natur in einer vollständigen Liste der *naturae simplices* aufzustellen, und zweitens deren Formen zu bestimmen, scheint Bacon, wie ELLIS bemerkt, niemals gezweifelt zu haben. Völlig verkehrt ist es daher, wenn KITCHIN die *formae copulatae* definirt als „unnatürliche Combinationen von Einzeldingen, die verschiedenen Classen angehören". Er meint, wie bereits oben erwähnt, die Oculation eines Apfels auf einen Birnbaum sei ein Beispiel für Bacons Ausführung. Diese falsche Erklärung wird nur möglich, indem KITCHIN den Umstand übersieht, dass die Formen direct bloss den einfachen Qualitäten entsprechen, dass also eine *forma copulata* z. B. die des Goldes nichts weiter ist als die Summe der Formen von Naturen, wie Gelb, Dicht, Schwer u. s. f. Von einer „*unnatural manner*" kann gar keine Rede sein, (selbst wenn sich KITCHIN unter den *formae copulatae* eine Combination von Substanzen statt von Formen vorstellt). Die *formae copulatae* verhalten sich zu den einfachen *formae* etwa wie die Worte zu den Buchstaben.

Aber eine einzige Ausnahme lässt Bacon als echtes Kind seiner Zeit bestehen. Wenn alle anderen zusammengesetzten

Substanzen in ihrem Wesen schwer oder spät erkennbar sind, so lässt sich doch des Menschen Form sofort bestimmen, obwohl auch der Mensch aus vielen einzelnen Naturen zusammengesetzt ist; „*excepto uno homine*" wird vorsichtig an der angeführten Stelle *De augm.* III. 4 gesagt. In jenen Tagen galt es als unumstössliche Gewissheit, dass die rationale Seele die substantiale Form des Menschen sei, und Bacon besass nicht genug Energie consequenter Durchführung, um gegen den überkommenen Glaubensartikel zu opponiren (vgl. ELLIS I. 565 N. 2 u. N. 15, S. 49 ff.). Im Anschluss an Telesius unterscheidet er eine *anima sensibilis* von dem unsterblichen *spiraculum* (= *anima rationalis* vgl. *De augm.* IV. 3); aber ob er, wie Telesius, bloss die höhere Seele als Form des Körpers zugelassen habe, lässt sich nicht deutlich erkennen. Aller Wahrscheinlichkeit nach jedoch wird er in diesem Punkte dem genannten Denker gefolgt sein, denn für die wissenschaftliche Forschung will Bacon nur die *anima sensibilis* anerkennen, die er im Sinne Demokrits als einen feinen Stoff betrachtete, womit offenbar die Aristotelische Anschauung von der Seele als Form des Körpers nicht recht stimmen würde.[66]) Was die Verschiedenheit der organischen Körper, beispielsweise also auch des Menschen, von allem Unorganischen und den halbscholastischen Begriff der *virtus specifica* anbetrifft, so würde eine nähere Darlegung die Grenzen dieser Arbeit soweit überschreiten, dass wir uns mit dem Hinweis auf SPEDDINGS treffliche Ausführungen begnügen können.

Indessen abgesehen von dieser einen Ausnahme, dem Menschen, können die zusammengesetzten Substanzen nach Bacons Ansicht desshalb so schwer erklärt werden, weil sie aus einer grösseren Anzahl von Naturen oder (im Grunde) von Formen zusammengesetzt sind Hier tritt die begriffliche Auffassung einmal plastisch hervor. Wie für uns ein Begriff explicirt ist durch die Aufzählung und constitutive Zusammensetzung seiner Merkmale, so wird (für diese Seite der Baconischen Formenlehre) ein Ding erkannt durch die

Summation seiner Eigenschaften. Mit anderen Worten: es wird von Bacon die logische Operation auf die Verhältnisse der Naturwirklichkeit übertragen. „Er möchte die Naturvorgänge als causale Verbindung corpuscularer Gruppen und Systeme erkennen, das Mittel jedoch, diese Systeme als mechanische Einheiten zu erfassen, ist ihm unzugänglich. Er bezeichnet sie daher wieder als Formen, als Gesetze, welche nur logische Einheiten sind, und bleibt somit an das Denkmittel der Substantialität gefesselt, ohne zur mechanischen Naturauffassung gelangen zu können." (LASSWITZ a. a. O. S. 435.)

B. Die Form als Gesetz.
1. Allgemeines.

Es findet sich nun in Bacons Schriften eine zweite Gruppe von Stellen, wo „Form" durch Worte wie Gesetz, Ursache u. s. w. erklärt wird. Das Vorhandensein dieser zweiten Gruppe darf uns nicht wundern, denn sie ist begründet in der geschichtlichen Zwischenstellung, die Bacon einnimmt. Er hat sicherlich unter Gesetz und unter Wesen dasselbe verstanden, und beide Termini sind nur als historisch verschieden gefärbte Schattirungen einer und derselben Conception aufzufassen. HEUSSLER (a. a. O. S. 96) drückt diesen Gedanken so aus: „Die von ihm vorausgesetzte reale Corpuscularbewegung bringt ihm den Terminus Gesetz, die friedliche phänomenale Eigenschaft den Terminus Ding nahe." Die letzten Gründe sollen nicht bloss logisch, sondern auch physikalisch behandelt werden.[67])

Man kann diese Seite der Formenlehre eine Modification der Atomistik nennen. Bacon tadelt ausdrücklich (*De augm.* III. 5; 1. 200) den Demokrit und den Epikur, weil sie aus dem zufälligen Zusammenstoss der Atome ohne Hülfe einer Vernunft das Weltgetriebe zusammenwachsen lassen: durch seine Formen will er also ein vernünftiges Princip in das Wirbelspiel der Massentheilchen bringen. Die immanente Gesetzmässigkeit des Weltalls, nach der sich jedes Geschehen in seinem Ablauf richtet, soll in der Conception der Formenlehre zum Ausdruck gelangen. LASSWITZ nennt diese daher einen auf platonischem Grunde wurzelnden Versuch, die in der (demokritisch gefassten) Materie sich entfaltenden Wirkungen durch einen Begriff zu fixiren, welcher das Gesetz ihrer Wirksamkeit ausdrückt (a. a. O. S. 408). Dass damit Bacon etwas Unmögliches versucht hat, liegt auf der Hand. Ein Naturgesetz will und muss jener Veränderlichkeit alles Wirklichen gerecht werden, die eben durch die Festlegung in einen Begriff theoretisch aufgehoben wird; Variabilität und Substantialität lassen sich nicht verschmelzen. Ein noch so hoher Gattungsbegriff kann niemals die Gleichförmigkeiten des Ablaufs d. h. die Gesetze decken — das zu thun sind nur die Formeln der mathematischen Naturwissenschaft im Stande. Jedenfalls aber versuchte Bacon, mit seinen Gesetzes-Formen einen Einblick in die *fabrica rerum* zu gewinnen, den innern Zusammenhang der Erscheinungen aufzuweisen und die nebulosen Speculationen mittelalterlicher Metaphysiker durch eine brauchbare Wirklichkeitsphilosophie zu ersetzen.

Ja, an manchen Stellen tritt sogar eine deutliche Abneigung gegen logische Abstractionen hervor. Bacon bedauert es, dass der menschliche Geist durch seine eigene Natur zum Abstracten getrieben werde und sich einbilde, das, was flüssig ist, sei beständig; *melius autem est naturam secare, quam abstrahere; id quod Democriti schola fecit, quae magis penetravit in naturam, quam reliquae* (N. O. I. 51). Die gesammte Naturanschauung Bacons ist vielmehr eine corpusculare. Er supponirt eine discontinuirliche Beschaffenheit der Materie und bestimmt darnach die Schematismen (Structuren) und Metaschematismen (Structurveränderungen) (vergl. N. O. II. 1). Desshalb bewegt sich die Erforschung der Form zunächst in der Richtung nach der Physik, um von dort langsam in die Metaphysik überzugehen; das voreilige Aufsuchen der *causae primae* wird von Bacon scharf getadelt (vergl. N. O. I. 65 und die Anm. 39 auf S. 242 bei FOWLER). Seine „Gesetze" sind der Materie immanent; sie sind *leges in materia determinatae*.

Am deutlichsten spricht in dieser Beziehung eine Stelle in N. O. II. 17: *Nos enim, quum de formis loquimur, nil aliud intelligimus quam leges illas et determinationes actus puri quae naturam aliquam simplicem ordinant et constituunt, ut calorem, lumen, pondus, in omnimoda materia et subiecto susceptibili. Itaque eadem res est forma calidi aut forma luminis et lex calidi sive lex luminis.* Ganz ebenso, um gleich die Parallelstellen vorwegzunehmen, heisst es ebenda: *... certissimum enim est ista* (nämlich das vorher Aufgezählte), *utcunque heterogenea et aliena coire in formam sive legem eam quae ordinat calorem, aut ruborem, aut mortem;* und endlich N. O. II. 5 (FOWLER p. 346): *... et intuentur veluti consuetudines naturae particulares et speciales, non leges fundamentales et communes, quae constituunt formas.*")

An der ersterwähnten Stelle (N. O. II. 17) werden die Formen als Gesetze und Determinationen des *actus purus* definirt, und es fragt sich nun, was unter *actus purus* zu verstehen ist. Der Ausdruck stammt aus der Aristotelischen Scholastik, wo er Gott, die reine, weil von jeder Potenzialität und Materie freie Actualität bedeutet. Aber bei Bacon hat gemäss seiner terminologischen Uebung diese historische Bedeutung einer ganz anderen Platz gemacht. Bei ihm wird der *actus purus* wohl als moleculare Constitution oder moleculare Bewegung oder beides zusammen aufgefasst werden müssen. Die Hauptworte sind, an die oben (S. 50) citirten sich anschliessend: „*Materia potius considerari debet et eius schematismi et metaschematismi atque actus purus et lex actus sive motus*" (N. O. I. 51). Da *actus* als Derivat von *ago* zunächst nur die Bewegung bezeichnet, so werden wir *motus* wohl gleichfalls als einen den Genetiv *actus* erläuternden zweiten Genetiv fassen und die Stelle so interpretiren müssen, dass den Schematismen (d. h. den molecularen Constitutionen) der *actus purus* als Gesetz der Molecular-Bewegung beigeordnet wird. Da (s. o. S. 40) die einfachen „Naturen" in Bewegungsarten und in Schematismen zerfallen und jeder „Natur" eine „Form" zu Grunde liegt, anderseits aber an der Stelle N. O.

II. 17 die *formae* überhaupt mit den *leges et determinationes actus puri* identificirt werden, so wird man wohl unter *actus purus* im weiteren Sinne sowohl die moleculare Bewegung als auch die moleculare Lagerung zu verstehen haben. KITCHINS (a. a. O. S. 31. Anm. 68) Erklärung, es handle sich um „*action or progress*" irgend eines Körpers an und für sich betrachtet, wie wenn einer das Wachsthum einer Pflanze beobachten sollte, dürfte kaum zutreffen. Ebenso entbehren FOWLERs sonderbare Erklärungen (Introd. 8 u. Anm. zu I. 51) der Deutlichkeit. Nur wenn wir unter dem *actus purus* Constitution oder Zusammensetzung und Bewegung der Massentheilchen verstehen, wird es verständlich, dass Bacon *leges illas actus formas* nennt (N. O. I. 51). „Die Form", so erläutert LASSWITZ (a. a. O. S. 416) „wäre nur eine Erdichtung des menschlichen Geistes, wenn sie nicht das Gesetz des Geschehenen selbst bedeutete, wenn sie nicht der Ausdruck wäre für die Bestimmungen des reinen Actus, welche eine einfache Beschaffenheit, wie die Wärme, das Licht, die Schwere constitutiv bedingen in jedem dafür empfänglichen Stoffe."

Die wesenhaften Gesetze, nach denen die Materie zusammengesetzt ist oder bewegt wird, bilden das moderne Synonymum zu „Form". Aber unter diesen Gesetzen darf man sich nicht genau dasselbe vorstellen, wie unter den modernen Naturgesetzen. Schon KITCHIN (S. 31 Anm. 69) macht darauf aufmerksam, dass Bacons Naturgesetze einen gewissermaassen allmächtigeren Charakter besitzen als die aus den Naturerscheinungen abgezogenen Uniformitäten, als welche uns die Naturgesetze erscheinen. Auf fernere Widersprüche in der Interpretation dieser vieldebattirten Stelle, beispielsweise auf SPEDDINGs Causal-Erklärung, können wir hier nicht eingehen. — Deutlicher wird das Problem durch eine andere Textstelle des N. O.: *Licet enim in natura nihil vere existat praeter corpora individua, edentia actus puros individuos ex lege; in doctrinis tamen, illa ipsa lex, eiusque inquisitio et inventio atque explicatio, pro fundamento est tam ad sciendum, quam ad operandum. Eam autem legem eiusque paragraphos formarum nomine intelligimus; praesertim cum hoc vocabulum invaluerit, et familiariter occurrat* (N. O. II. 2). Da die Bedeutung des *actus purus* bereits erörtert ist, und die Hervorhebung der ausschliesslichen Existenz der Einzeldinge auf den Kampf gegen den Platonischen und Aristotelischen Realismus zurückzuführen ist, so erübrigt vor allen Dingen die Interpretation des vielfach missverstandenen Ausdruckes „*legem eiusque paragraphos*". KITCHIN (a. a. O. S. 136 Anm. 101) meint, nachdem er die Schwierigkeit der Stelle zugestanden hat: „*perhaps the description of the Form of Heat — the Modifications of the genus 'Motion' may be what is meant.*" ELLIS verbindet diesen Ausdruck mit den *actus puros individuos* und stellt Bacons Ansicht so dar: der Philosoph behaupte, dass, obwohl in der Wissenschaft das Formengesetz der zusammengesetzten Substanz, d. h. die *forma substantialis* auflösbar in die Formen der ihr zugehörigen einfachen Naturen sei als in Clauseln (*clauses, paragraphi*), doch diese Analysis nur begrifflich und nicht wirklich sei (a. a. O. S. 31). FOWLER glaubt, dass ELLIS den besagten Ausdruck richtig interpretire, indem er ihn auf die einfachen Naturen bezieht, in welche nach Bacon die *formae copulatae* der Körper aufgelöst werden müssten. Indessen würde, fügt er hinzu, keine Schwierigkeit bestehen, die *paragraphi* als die Formen der einfachen Naturen zu deuten. Die Anspielung würde sich dann auf die verschiedenen *differentiae* beziehen, welche die gegebene Natur constituiren oder auf die verschiedenen Bedingungen, aus denen sie erzeugt ist — freilich steht dabei die Confusion mit der *causa efficiens* im Hintergrund (a. a. O. S. 340 Anm. 16). Auf ziemlich dasselbe läuft das hinaus, was NICHOL (a. a. O. II. 186) beibringt. HEUSSLER (S. 170) dagegen hebt nachdrücklich hervor, dass das Bild logisch freilich „viel besser" im Sinne FOWLERS zu deuten wäre, aber dem Zusammenhange (*lex*) nach auf die allgemeine Form und ihre einzelnen Beispiele bezogen werden müsse. Wir schliessen uns HEUSSLERS Ansicht an.

2. Gesetz und Causalität.

Schon aus diesen Auseinandersetzungen wird hervorgegangen sein, was verschiedene Commentatoren, insbesondere HEUSSLER, betont haben, dass nämlich unter Form, freilich an zweiter Statt, Gesetz verstanden ist, aber nicht die bloss auf zeitliche Vorgänge anzuwendende Causalität der *causa efficiens* (vergl. S. 33). Die bereits erwähnte Verwirrung zwischen den *causae efficientes*, welche gleich den *causae materiales* bei Bacon bekanntlich der Physik angehören, und der metaphysischen zeitlosen *causa formalis*, sowie die von FOWLER u. A. behaupteten Dunkelheiten von Stellen wie N. O. II. 3 fallen mit der falschen Voraussetzung selber fort.[6]

Am Wichtigsten jedoch für das Verhältniss der Gesetzlichkeit zu Causalität ist die folgende Stelle aus N. O. II. 2: „Auch ist die Eintheilung der Ursachen nicht übel, wonach vier Arten unterschieden werden; der Stoff, die Form, das Wirkende und das Ziel; davon ist das Ziel für die Wissenschaften ohne Nutzen, ja schädlich; es gilt nur für das menschliche Handeln. An der Entdeckung der Form hat man verzweifelt. Das Wirkende und der Stoff sind in der Weise, wie man sie in voller Absonderung aufsucht und aufstellt ohne Rücksicht auf den verborgenen Uebergang zur Form nur oberflächliche und äusserliche Annahmen, welche zur wahren, thätigen Wissenschaft nichts beitragen." In feinsinniger Darstellung erörtert SIGWART, etwas weitergreifend, die Voraussetzungen dieser Sätze. Wir heben wenigstens das Wichtigste hervor. „Es wird", sagt er in den Preuss. Jahrbüchern (1863, S. 109/110), „ohne Weiteres angenommen, dass etwas erkennen soviel heisse als seine Ursache erkennen. Es kann uns nicht wundern, dass Bacon den Causalitätsbegriff im Allgemeinen als einen sich von selbst verstehenden ansieht, und noch nicht untersucht, ob er ein angeborener ist oder ein aus der Erfahrung abstrahirter. Aber er untersucht auch nicht, in welcher Weise dieser Begriff auf die Naturerscheinungen angewendet werden muss, was man unter der Ursache eines Vorganges zu verstehen hat, und wie vielerlei Ursachen es giebt; er nimmt ohne Weiteres die Aristotelisch-scholastische Eintheilung der Ursachen in *causae materiales, efficientes, formales* und *finales* auf und gründet darauf seine eigene Eintheilung, seine ganze Methode. Seine Philosophie ruht also keineswegs, wie er meint, auf der Erfahrung, sondern auf der Autorität des Aristoteles." — — —

Die vier Aristotelischen Ursachen werden bekanntlich von den Scholastikern wiedergegeben durch *causa materialis, causa efficiens* (auch *movens*), *causa formalis, causa finalis*; δυνάμει und ἐνεργείᾳ wird durch *potentia* und *actu* übersetzt, das Erkennen Gottes als *actus purus* bezeichnet. Die beiden erstgenannten Ursachen werden nun bei Bacon von den andern als *causae fluxae* unterschieden, also als „Ursachen", die nur vorübergehend wirken und an veränderliche Bedingungen geknüpft sind.[70]) Der Unterschied kann gewiss nicht deutlicher hervortreten als in der Stelle, wo die *causa efficiens et materialis* als Vehikel, als Auslösungsmittel der Form bezeichnet werden, als ein Mittel, das die potentielle Existenz der Form zur actuellen erhöht (N. O. II. 3). Dieser Process ist es, den Bacon gelegentlich als *latens processus ad formam* bezeichnet hat (vgl. S. 40).

An der zuerst angeführten Stelle also (N. O. II. 3) erklärt Bacon mit der blossen Kenntniss der vergänglichen Ursachen sich nicht zufrieden, er verlangt vielmehr als Höchstes die Erkenntniss der *causa formalis*, die allein in die geheime Werkstätte der Natur einführe und die erstrebte Macht über das Anorganische und Organische in der Welt gewähre (vgl. HEUSSLER S. 115 ff.). Wenn wir nun auch die *causa finalis* wegen ihrer Unfruchtbarkeit ausschliessen, so bleibt von allen Ursachen nur die zeitliche Causalität der Form als Vertreterin der Causalität im weiteren Sinne übrig. Es ist kaum richtig, wie KUNO FISCHER (S. 179 f.) meint, dass Bacon die Form mit der wirkenden Ursache habe zusammenfallen lassen; sondern im Gegensatze zu den abwechselnden Ursachen versteht Bacon unter den übrig bleibenden *causae formales* die allgemeinen, ewigen Grundgesetze in aller Natur. Wir haben es mit der *causa immanens* zu thun, die unlöslich mit ihrer Erscheinung verbunden ist. Die vorübergehenden Ursachen können allenfalls der letzten und höchsten Ursache als Vehikel dienen.

So und nur so erklärt sich die folgende Stelle: „denn die Form einer Eigenschaft ist derart, dass mit ihrer Setzung auch die Eigenschaft unfehlbar darauf folgt. Desshalb ist die Form immer vorhanden, wenn die Eigenschaft vorhanden ist; sie versichert uns überall dieser Eigenschaft und ist immer in ihr enthalten. Diese Form ist auch derart, dass mit ihrer Entfernung die betreffende Eigenschaft ausnahmslos verschwindet. Sie fehlt desshalb überall da, wo diese Eigenschaft fehlt; sie beseitigt sie immer mit sich zugleich und ist in ihr allein enthalten" (N. O. II. 4, FOWLER p. 343).

Alle Einwürfe, die sich auf das Gesetz von den verschiedenen Ursachen stützen (z. B. FOWLER S. 343 Anm. 24), sind demnach entschieden zurückzuweisen.

Was die Verwirrung in Bezug auf die Baconische Causalitätslehre hervorgerufen hat, ist vielleicht der Umstand, dass unser Philosoph entsprechend seiner Teleophobie die Philosophie der „Aufsuchung der Ursachen" gleichgesetzt hat. So heisst es N. O. II. 2 *Recte ponitur: vere scire, esse per causas scire* und *De augm..* IV 2 (ELLIS I. 602): *philosophia est inquisitio causarum*; ähnlich auch *Parasc.* I. p. 403. Aber erstens haben die Ursachen nach Oben d. h. im Verhältniss zu Gott ihre scharfbestimmte Grenze, zweitens werden von Bacon im N. O. nicht alle Ursachen thatsächlich behandelt, sondern nur die *causae formales*, und drittens bedeutet *causa* zu jener Zeit durchaus noch nicht *causa efficiens*; auch die *causa formalis* oder Form ist *causa*.

Mit vollem Recht kann daher SIGWART von Bacon sagen: „Der Physik weist er die Erforschung der materiellen und bewirkenden Ursachen zu, der Metaphysik die der Formen und Zweckursachen. Jene hat also das Geschehen in seinem zeitlichen, zufälligen Verlauf zu verfolgen, den Zusammenhang des Einzelnen in Raum und Zeit zu ergründen, diese die allgemeinen, höchsten, unveränderlichen Begriffe zu finden, die den Erscheinungen zu Grunde liegen; denn das sind die 'Formen'. Die Physik untersucht, was Wärme hervorbringt, welche Stoffe und unter welchen Bedingungen sie brennen u. s. f. Die Metaphysik erforscht Wesen und Begriff der Wärme." Weniger zutreffend erscheinen dagegen LASSWITZ' bezügliche Erörterungen. LASSWITZ (a. a. O. S. 420) definirt unter Berufung auf *De augm.* III. 4 (S. 173) die secundären oder fliessenden Ursachen als solche, „welche zur Uebertragung der Formen dienen". Man könne dies nur so verstehen, „dass die in den Formen gegebenen constanten und gesetzlichen Wirkungsweisen, je nachdem sie in gegenseitige Berührung kommen, in der Materie in mannichfaltigster Gestalt sich äussern. Das Feuer z. B. muss durch ein Gesetz als Wirkungsweise bestimmt sein, aber beim Schlamm ist es Ursache der Erhärtung, beim Wachs Ursache der Erweichung." Der Nachdruck liegt vielmehr auf dem Unterschiede der Veranlassung und des bleibenden Seinsgrundes in irgendwelcher Folge von Erscheinungen; mit dem Begriff der veranlassenden *causae* nähert sich Bacon dem Atomismus, mit dem Begriff der ewigen Gesetzmässigkeit überschreitet er ihn. So viel steht immerhin fest, dass die hier behandelte Auffassung der Formen von der Voraussetzung einer materiellen Bestimmtheit der Formen geleitet ist; entgegen den im Ideenreiche vorhandenen begrifflich gedachten Formen beruhen diese gesetzlich gedachten durchaus auf der corpuscularen Auffassung der Natur.

C. Gesetz und Wesen (Begriff).

In den Gesetzesformen spricht sich am deutlichsten der moderne Charakter unseres Denkers aus; denn Gesetze, Gesetze der Materie sind es, die in der Hauptwissenschaft der Neuzeit, in der Naturwissenschaft, herrschen. „Nach der hier vorhandenen Grundauffassung sind zahllose einfache und gleichartige Einzelkräfte in dem Zusammensein der Welt neben einander gegeben. Ihre Wirkformen gelten gleichmässig in Zeit und Raum oder vielmehr zeit- und raumlos, wesswegen nicht bloss, wie früher, behauptet wird, dass unter gleichen Umständen stets ein Gleiches geschehe, sondern auch, dass diese Gleichheit der Umstände durchgehend vorhanden sei. Die scheinbare Mannichfaltigkeit des Gegebenen fügt sich dem ein, indem dasselbe als ein Zusammengesetztes begriffen nur in seine Elemente zerlegt wird. Um solcher Gedanken Durchführung zu ermöglichen, musste die organische Naturauffassung der Alten durch eine mechanische ersetzt werden, in der alles Gesammtwesen als Zusammensetzung erschien" (EUCKEN, Geschichte u. Kr. d. Grundbegriffe S. 124-125. Leipzig 1878). — Das Gesetz der Wärme z. B. ist nach Bacon eine bestimmte Bewegung der kleinsten Theilchen. Die bestimmte Configuration und Bewegung der letzten Partikeln ist das Gesetz und damit die „Form" der bestimmten Qualität. Zwischen der Gruppirung von Steinen zu einem Hause und der von corpuscularen Elementen zur weissen Farbe besteht nur ein Grad-Unterschied.

Indessen müssen wir, wenn wir nunmehr das Ergebniss der gesammten Exegese zusammenfassend präcisiren wollen, noch einmal die begriffliche Seite in den Vordergrund stellen. Ebenso wie Bacon nach der Auffindung von materiell bestimmten Gesetzen strebt, ebenso zielt seine Methode auf die Entdeckung von Begriffen. Da ihm aber die Naturgesetze der Massentheilchen als begrifflich fixirbar erscheinen, fallen für ihn beide Auffassungen in eine zusammen (s. o. S. 55). Der Grundfehler dieser Confusion ist der, dass zwar allgemeine Begriffe erst aus der Summation vieler Erfahrungen abstrahirt werden können (wesshalb denn eben auch Bacons Methode ein Abstractions-Verfahren ist), dass dagegen Naturgesetze im modernen Sinne des Wortes aus einer einzigen Beobachtung (Newtons Apfel) gewonnen werden können. Vielleicht hängt die Unklarheit mit der früher (S. 38) erörterten unsicheren Bestimmung der Axiome und ihres Verhältnisses zur Form zusammen. Eine grosse Schwierigkeit der erörterten Vermengung liegt darin, dass die Formen durch die Hineintragung des Gesetzmässigen einen Theil der Klarheit einbüssen, die sie in der ausschliesslich begrifflichen Auffassung der antiken Philosophie besassen.

Diesen Fehlern stehen jedoch schwerwiegende Vorzüge gegenüber. Die Platonische Form setzt voraus eine unabänderliche Constanz des Wesens der Einzeldinge und die Möglichkeit, diese starre Gleichheit in einen festen Begriff zu fassen. Da jedoch der unser Jahrhundert beherrschende Darwinismus eine Wandelbarkeit innerhalb der Gattungen für möglich erklärt, so erscheint uns jene Constanz als ungerechtfertigt; und da andererseits ein Begriff wohl ein Musterbild des Gegenstandes aufstellt, diesen selbst aber in seiner Mannichfaltigkeit nicht mit wenigen Buchstaben erschöpfend beschreibt, so kann es keinem Zweifel unterliegen, wie sehr unser modernes Bewusstsein sich dem Platonischen Gedankengange entfremdet fühlt. Es muss daher als ein Vorzug bezeichnet werden, wenn Bacon durch Einführung des „Gesetzes" fortgeschritteneren Anschauungen Rechnung trägt. Dass er dabei die begriffliche Seite nicht ausser Acht lässt, ist schon desshalb zu begreifen, weil die ältere Ansicht mit grösserer Anschaulichkeit die Thatsachen meistert. Denn die begriffliche Conception geht von der präcisen Voraussetzung einer absoluten Geschiedenheit der Einzeldinge aus. Dies tritt auch bei Bacon hervor. Für ihn sind die Realien Wärme und Kälte so völlig getrennt, wie es die analogen Begriffe sind. SIGWART bemerkt zu solcher sprungartigen Unterscheidung der Objecte: „Dieselbe Nothwendigkeit, welche bestimmte Merkmale innerhalb enger Grenzen der Variabilität zusammenhält, verbietet das Zusammentreten anderer; die Geschiedenheit der Formen ist nur die negative Kehrseite ihrer Festigkeit; die Bedeutung des $\delta\iota\alpha\varphi o\rho\acute{\alpha}$ $\epsilon\emph{i}\delta o\pi o\iota\acute{o}\varsigma$ ist mit der Lehre von den festen Formen nothwendig gegeben." (SIGWART Logik S. 200).[71])

Wie sonderbar sich die beiden soeben auf ihren inneren Werth und ihre Unverträglichkeit geprüften Anschauungen in Francis Bacons Formenlehre mischen, ist ausführlich dargethan worden. Bacon bildet darum in dieser Beziehung eben die von HEUSSLER geschilderte „Mittelfigur", weil er antik-platonisch-aristotelisch von einem *abcdarium naturae* einer bestimmten Anzahl Urqualitäten ausgeht, dieselben aber demokriteisch-„corpuscular"-mechanisch-modern interpretirt. Er begnügt sich nicht mit jenen Namen und ihrer oberflächlichen Definition, sondern will ins Innere eindringen.

V. Schluss.

Eine völlig adäquate Darstellung der Formenlehre würde sich erst dann ermöglichen lassen, wenn es gelänge, den eigensten Gedanken Bacons gleichsam bis in ihre letzten Wurzelfasern nachzuspüren. Obwohl wir es uns nun bei dem geringen Umfang unserer Kenntnisse von Bacons innerstem Wesen versagen müssen, eine solche Untersuchung vorzunehmen, so können wir wenigstens den mathematischen Ort umschreiben, in dem der Ansatzpunkt einer derartigen nachfühlenden Analyse liegen mag. Eine allgemeine Darstellung der wichtigsten Vorzüge und Fehler des englischen Philosophen vermag vielleicht den Zusammenhang seiner Formenlehre mit den anderen Hauptgedanken seines Systems soweit aufzuklären, dass es dann berechtigt erscheint, die Bedeutung der Baconischen Formen-Conception in Beziehung zu setzen zur modernen Auffassung des gleichen Problems. —

Man sehe Bacons Bildniss. Unter den starken Brauen blitzen feurig die Augen und über ihnen wölbt sich eine breite Stirn; der Blick ist nach oben gerichtet, gleichsam als suche er dort die Lösung der Erdenräthsel. In dieser Ursprünglichkeit eines Vertrauens auf das, was hinter den Wolken sich verbirgt, auf Gott und die Zukunft, liegt ein wesenhafter Zug von Bacons Natur. Er vertraut auf Gott, der alles Irdische zur Vollkommenheit leitet und gegenüber der individuellen Vergänglichkeit sich in dem Bleibenden offenbart. Nur durch die Sünde hat der Mensch die Herrschaft über die Natur verloren und mit wenig Erfolg Jahrtausende hindurch gearbeitet. Aber das Mitleid des Allmächtigen mit dem Schicksal der im Finstern irrenden Menschen hat die Möglichkeit einer Wiedergewinnung offen gelassen. Eine *restauratio in integrum* kann erfolgen, sobald wir wieder zu Kindern werden und mit kindlicher Aufmerksamkeit den Vorschriften der Natur gehorchen — *neque natura aliter quam parendo vincitur* (Distrib. op. FOWLER p. 176).

Das durch Gehorsam zu erreichende Besiegen der Natur wird also zum Losungswort der Baconischen Philosophie. Der Eingriff in die Natur, das *dissecare* der „zusammengewachsenen" Dinge, die thätige Analysis ermöglichen eine *ars* im Gegensatz zum blossen *argumentum*. *Operum steriles* nennt Bacon seine Vorgänger; seine eigene Philosophie *naturam premit*. Aber man hüte sich vor zwei Irrthümern. Bacon ist letzten Grundes nicht nur Erfahrungsphilosoph, da er viel mehr metaphysische Neigungen zeigt, als man gewöhnlich glaubt. Er ist ferner, wie oben bemerkt, kein abgesagter Feind einer idealen Auffassung von Welt und Leben. „Es wäre eine irrthümliche Ansicht, wenn man glaubte, der Empirismus an sich schon, sofern er sich strenge an seine Aufgaben, Vorlagen und Methoden hält, müsse eine feindliche Stellung gegen den idealen Gehalt des geistigen Lebens einnehmen. Auch bei Naturforschern der damaligen Zeit — vom Range eines Keppler und Newton — gewahren wir eine solche Stellung keineswegs."[72]) Aehnlich rühmt HUMBOLDT in der Einleitung zum Kosmos an Francis Bacon das ernste Streben: „der erhabenen Bestimmung des Menschen eingedenk, den Geist der Natur zu ergreifen, welcher unter der Decke der Erscheinungen verborgen liegt", und HALLER behauptet sogar: „Bacon übersah alle Wissenschaften wie ein Wesen von einem höheren Orden und wie noch Niemand sie angesehen hatte".[73])

Mit einem Wort: Bacon war nicht sowohl Naturforscher als Naturdenker. So wird es auch verständlich, dass Bacon in vielen Beziehungen als Rationalist bezeichnet werden muss, und dass die Principien Descartes' und Bacons durchaus nicht in dem absoluten Gegensatz von Rationalismus und Empirismus stehen. Eine wichtige Stelle des N. O. zeigt, dass unser Philosoph es nicht ausschliesslich auf den Nutzen bei Erneuerung der Wissenschaften abgesehen hatte und die Vorliebe für die Praxis sich vielmehr aus dem Gegensatz gegen das nutzlose Spiel scholastischer Spitzfindigkeiten erklärt. *Ita certe*, so heisst es N. O. I. 130 (FOWLER p. 331), *ipsa contemplatio rerum prout sunt, sine superstitione aut impostura, errore aut confusione, in se ipsa magis digna est, quam universus inventorum fructus.* Dass von Bacons Zeiten ab der Empirismus mit dem utilitarischen System oft Hand in Hand ging, kann unserem Denker ebenso wenig zur Last gelegt werden, als der in seiner Lehre hervortretende Dualismus zwischen Erfahrung und Offenbarung, denn dieser ist nicht nur ein Charakteristicum der damaligen Zeit, sondern auch ein Kennzeichen des englischen Geistes überhaupt bis zum heutigen Tage. Und was die Beziehung zum Utilitarismus anbetrifft, so hofft Bacon freilich, jede neue Einsicht werde Nutzen bringen, aber darüber verkennt er nicht, dass die Wissenschaft zunächst ihren Selbstzweck im Streben nach Erkenntniss hat. Licht und Erkenntniss kommen zuerst, die Frucht wird dann nicht ausbleiben — so begründet Bacon die Bedeutung der *experimenta lucifera* gegenüber den *experimenta fructifera* (N. O. I. 70). Die lichtbringenden Versuche sind solche „*quae in se nullius sunt usus sed ad inventionem causarum et axiomatum tantum faciunt*" (N. O. I. 99), und ihre Bedeutung weiss desshalb der Philosoph nicht hoch genug zu rühmen, obwohl das wahre Ziel der Wissenschaften kein anderes ist „*quam ut doletur vita humana novis inventis et copiis*" (N. O. I. 81).

Er vertraute auf die Zukunft. Der feste Punkt der ganzen Baconischen Philosophie liegt im Ausblick auf die kommenden Zeiten. Alle Hoffnungen, die der Philosoph auf seine Methode und die Formen setzt, denkt er sich von einem (nicht viel) späteren Geschlecht erfüllt. Es ist oft genug besprochen worden, inwiefern die *operatio libera* und die *superinductio* ein Anrecht auf Verwirklichung besitzen. EUCKEN setzt desshalb Bacon als den Vertreter eines Culturideals der Menschheit an den Beginn der Neuzeit. Das Lebensproblem erscheint bei Francis Bacon in einer neuen Beleuchtung. „Der Mensch gilt mit dem Kern seines Wesens als ein Glied des grossen Alls und dieses All wiederum erscheint als Natur; dort liegt alle Realität, während alles innere Vorgehen davon abgeleitet und daran gebunden wird." (EUCKEN, Die Lebensanschauungen der grossen Denker, S. 370. Leipzig 1890. S. jedoch EUCKEN, Gesch. der Terminologie S. 84.)

Indessen giebt es auch ausser dieser (vornehmlich von ELLIS erörterten) subjectiven Beziehung zwischen den Hauptmomenten der Baconischen Naturphilosophie und den Errungenschaften der folgenden Jahrhunderte eine objective zwischen Beiden. „Wir kennen Keinen," sagt WOHLWILL (a. a. O. S. 220), „der wie Bacon in der jungen Saat die Wälder der Zukunft rauschen hörte, Keinen, der gleich ihm berufen war, dem folgenden Geschlechte den eigenen Herzschlag zu deuten und in dem Bewusstsein die Quelle neuer Geistesthaten zu erschliessen." Bacons Betonung der Gesetzmässigkeit, seine analytische Betrachtung der Materie in ihren mannichfachen Wandlungen, sein Zurückgehen auf die atomistisch bestimmte Naturphilosophie Demokrits sind Proteste gegen die engherzige Speculation der Zeitgenossen und Wechsel, die erst die Zukunft eingelöst hat. Seine Ansicht, dass alle Wirksamkeit der Natur in den kleinsten Theilen sich vollziehe, ist zu einem Fundamentalsatz der modernen Naturwissenschaft geworden. Seine Philosophie steht dem Realismus der Gegenwart trotz aller Mängel im Einzelnen sehr nahe, und es verdient doch, wie LANGE (a. a. O. I. 219) gegen LIEBIG hervorhebt, ernste Beachtung, dass so besonnene und kenntnissreiche Methodiker wie W. HERSCHEL und STUART MILL Bacons Theorie der Induction als erste, wenngleich unvollkommene Grundlage ihrer eigenen Theorie anerkennen.[74]) Seit Bacons erfolgreichem, mit religiösem Ernst unternommenen Angriff gegen allerhand Vorurtheile und Idole wurde ein freierer Geist in den Wissenschaften herrschend. Der Autoritätsglaube trat zurück gegen die Macht möglichst vollzählig beobachteter Thatsachen.

Somit ist der indirecte Einfluss der Baconischen Bemühungen grösser gewesen als die unmittelbare Bedeutung seiner Philosophie. Gerade das Centrum der letzteren, die Formenlehre, hat mannichfache Bedenken hervorgerufen, von denen einige bereits oben (S. 33 u. 36) angedeutet worden sind. Man könnte weiterhin fragen, ob denn die Formen der Substanzen sich mit den Gattungen decken, und wie viele sie betreffende Axiome aufgestellt werden könnten. Ein derartiges Unternehmen bewährt sich ganz gut, so lange es die vorläufige Orientirung in der Masse des Gegebenen gilt. Indessen, wenn diese Methode für den ganzen Umfang des Seienden durchgeführt werden soll, so zeigt sich ihre Unzulänglichkeit auf das Schlagendste.

Was ferner die begriffliche Seite der Formen-Conception anlangt, so müssen wir es als einen Grundirrthum bezeichnen, dass von Francis Bacon den Begriffen ein absoluter Werth beigelegt wird.[75]) Gesetze allein haben für uns diesen Werth; sie allein erweitern die Erkenntniss und begründen die Macht des Menschen über die Natur. Bacon wähnt, dass unsere abstracten Begriffe sich mit objectiven Realitäten decken und von ihnen abgeleitet werden. In Wirklichkeit aber lässt sich kaum annehmen, dass bei der Unvollkommenheit menschlicher Kenntnisse unsere geschichtlich bedingten Begriffe Wesen und Sinn der Dinge je erschöpfen könnten. Jedenfalls kann eine Methodologie dazu nur wenig helfen, denn wie BOEHMER (a. a. O. S. 18) richtig bemerkt: ... „die Methodologie einer jeden Wissenschaft kann desshalb nicht früher entwickelt werden, als bis die Wissenschaft selbst wenigstens auf den Grad der Vollendung gebracht ist, dass eine Einsicht in das Wesen und in den Zusammenhang ihrer Operationen ermöglicht ist."

Aber sehen wir von den gerügten Einzelheiten ab, denen auch gelungene gegenübergestellt werden können, — im Allgemeinen zielt Bacons Bemühung auf ein Cultur-Ideal, das jetzt seiner Verwirklichung entgegengeht. Unser Zeitalter der Maschinen und der technischen Fortschritte wird bestimmt durch den grossen Grundsatz: Erforsche die Natur, um sie durch sie selbst zu beherrschen und so dir dienstbar zu machen. Ein bemerkenswerther Beleg dafür, wie sehr gewisse Gedanken durch die geistige Arbeit von Generationen zum Gemeingut einer Epoche werden, nachdem sie einst im Widerstreit mit der Tagesmeinung von dem hellseherischen Blick des Genies erkannt und durch seinen Mund mitgetheilt worden waren.[76])

Eine ins Einzelne gehende Beurtheilung des Mittelpunktes der Baconischen Lehre, als welche wir eingangs die Formenlehre bezeichnet hatten, setzt eine sichere Ansicht über die letzten Elemente der Erscheinungswelt voraus. Man muss selber festen Boden unter den Füssen haben, wenn man die Meinungen eines Anderen beurtheilen will. Nur von einem eigenen sicheren Standpunkt aus werden Vorzüge und Mängel eines fremden Systems deutlich. Augenblicklich jedoch herrscht Anarchie in dem weiten Reiche der Naturphilosophie. Jene Naturphilosophie eines Schelling oder Oken, die hinter dem Triumphzug der exacten Naturwissenschaften klüglich zurückblieb, ruht heute bei den Todten; dass sie trotz ihrer Irrlehren viele der grossartigsten Gedanken barg, die je aus eines Menschen Hirn gekommen sind, wer wollte das leugnen?[77]) Aber an ihre Stelle ist nichts getreten, als die beginnende Ausbeute aus den Specialforschungen bedeutender Physiker und Chemiker; es sind Ansätze vorhanden, ohne dass sie schon in ein organisches System zusammengefasst werden könnten. Was sich so ergeben hat, scheint darauf hinaus zu laufen, dass wir die Körper und ihre Elemente als dynamische und nicht als statische Entitäten betrachten müssen. Wir sind gezwungen, anzunehmen, dass auch das kleinste Existirende die Fähigkeit der Wirksamkeit und Veränderung in sich trägt, und wir können desshalb eine irgendwie statische Corpuscular-Theorie nicht anerkennen. Wie eine Anschauung der modernen Psychologie selbst der einfachsten Ganglienzelle Bewusstseins-Fähigkeit zuspricht, und wie die Biologie für jeden Zellenkern organischer Körper das „Leben" in Anspruch nimmt, so sieht der moderne Naturphilosoph in jedem Atom Bewegungs- und Wandlungsfähigkeit. In diesem lebendigen Ganzen sind die Gesetze das Feststehende. Aber freilich, Sinn und Werth des Naturgesetzes haben in den letzten Jahrhunderten eine erhebliche Verschiebung erlitten. Wenn für uns das Wesen in dem Wirken aufgeht, und die vorliegende Welt als Ergebniss einfacher Kräfte gefasst wird, so erhebt sich die Forderung, den Verlauf dieses Wirkens in die Formeln ausnahmsloser Gesetze zu fassen. Ein Naturgesetz soll uns weniger darüber belehren, was da ist, als darüber, wie etwas immer und überall geschieht. „Erst durch das Gesetz wird die erscheinende Welt auf die wesentliche zurückgeführt, und das Mannichfache in Einheit und Zusammenhang verbunden. Der Forderung der neueren Wissenschaft, die Vielheit als System zu begreifen, wird genügt, indem jedes Einzelne sich als Ausdruck von Gesetzen herausstellt, und die Gesetze selbst wieder einer umfassenden Einheit zustreben. Man darf daher sagen, dass was für Plato die Ideen, das der neueren Weltauffassung die Gesetze sind" (EUCKEN, Geschichte u. Kritik d. Grundbegriffe S. 119). Fügen wir noch hinzu, dass nur dann ein Naturgesetz als vollgültig anerkannt wird, wenn es mit der mathematischen Ausdrückbarkeit die Beglaubigung seiner Einfachheit und Apriorität beibringt, so übersehen wir den Unterschied, der die moderne Naturauffassung von der Baconischen Formenlehre trennt.

Ueber diese allgemeinsten Grundlinien hinaus wird sich schwerlich zu einwandsfreien Vermuthungen gelangen lassen. Jede weitergehende Hypothese führt zu unausweichlichen Schwierigkeiten, sodass uns schliesslich in Bezug auf ein Verständniss der Materie nur die Wahl bleibt zwischen einander entgegengesetzten Absurditäten.[78]) Wir werden uns mit dem Eingeständniss bescheiden müssen, dass alle Theorien nur mehr oder weniger gelungene Versuche darstellen, die spröde Wirklichkeit dem Denken zu unterwerfen, Kunstgriffe unseres Verstandes, um die äussere Welt dem erworbenen Zusammenhang unserer Einsichten anzupassen. Die beiden mächtigsten Momente aller metaphysischen Speculation, die bleibende seelische Organisation der Denker und die geschichtliche Bedingtheit in dem Wechsel der Anschauungen, bestimmen ebenso gut die heutige Naturauffassung, wie sie für Francis Bacon die Veranlassung zu der Formenlehre waren. Ist es uns gelungen, neben den vielfachen Einzelfragen der philosophiegeschichtlichen Untersuchung diese beiden Punkte hervorgehoben zu haben, so dürfen wir hoffen, einen kleinen Beitrag zu dem wahren Verständniss der Baconischen Formenlehre geliefert zu haben.

Anmerkungen.

1) Die letztgenannten beiden Punkte hebt besonders hervor Emil Wohlwill, Baco von Verulam und die Geschichte der Naturwissenschaft, Deutsche Jahrbücher für Politik und Literatur X. 212 u. 221. Berlin 1864.

2) z. B. s. Eucken, Geschichte und Kritik der Grundbegriffe der Gegenwart S. 31. Leipzig 1878, und: Lebensanschauungen grosser Denker S. 269 ff. Leipzig 1890; ähnlich Lange, Geschichte des Materialismus. 3. Auflage. S. 6/7. Iserlohn 1876.

3) Selbst über drei so wichtige Begriffe wie die „*mera experientia*" und die im 123. Aphorism. des ersten Buches des N. O. genannten zwei Begriffe: *aqua sponte ex intellectu manans* und *aqua per dialecticam tamquam per rotas ex puteo hausta* herrscht keine völlige Uebereinstimmung. Vgl. Kuno Fischer, Francis Bacon, 2. Auflage S. 177—179. Leipzig 1875 und von Kirchmanns Uebersetz des N. O. S. 172 Anm. 142. Heidelberg 1882.

4) S. Apelt, Theorie der Induction S. 153. Leipzig 1854. — Dem widersprechen auch nicht jene beiden dunklen Stellen (N. O. I. 96 u. II. 8), wo von dem Mathematischen der Physik die Rede ist. Ob zumal am letzten Platze Bacon eine an Descartes streifende Auffassung andeuten wollte, bleibe dahingestellt.

5) S. Apelt a. a. O. S. 154.

6) S. Hans Heussler, Francis Bacon und seine geschichtliche Stellung III S. 128—139, Breslau 1889. Auch Lasson hat das richtig erkannt, vgl. S. 25 seiner Schrift „Ueber Baco von Verulams wissenschaftliche Principien". Berlin 1864: „Wenn .. B. die Form zum eigentlichen Schlusspunkt der wissenschaftlichen Untersuchung macht, so hat er, scheint es, der Physik ein speculatives Ziel vorgesteckt, so ist er keineswegs der blosse Empiriker und Utilist, für den er allgemein gilt."

7) S. Trendelenburg, Geschichte der Kategorienlehre S. 261. Berlin 1846.

8) v. Kirchmann a. a. O. S. 241.

9) Heussler a. a. O. S. 108. Belegstellen ebenda S. 180.

10) *De augmentis* III. 5 in der grossen Ausgabe von Ellis und Spedding, I. 573. London 1857.

11) G. W. Kitchin, *Edit. Novum Organum.* Oxford 1855, in Anmerkung 18 zu II. 4 S. 137.

12) Vgl. *de augm.* III. 4 u. 6 und *Advancement of learning* p. 135—142; s. auch Kitchin, Commentar S. 147 Anm. 23.

13) Gilbertus Porretanus (gest. 1154) nimmt, wie Prantl in seiner Geschichte der Logik II. 216 ff. ausführt, eine eigenthümliche Stellung unter den Scholastikern ein. Was uns hier interessirt und wenigstens anmerkungsweise notirt werden soll, sind Gilberts Definitionen von *natura* und *forma.* „Natur" ist ihm einfach der die Wesen formende, Art machende Unterschied (*natura est unamquamque rem informans specifica differentia,* in dem Commentar zu Pseudo-Boethius *de Trinitate* p. 1231). Indem er nun ablehnt, *natura* und Gattung oder Art völlig zu identificiren, wendet er es so, dass er hinter der „Natur" noch etwas Anderes sucht und das, wodurch ein Ding sein Sein hat, in den *formae substantiales* findet. Vgl. ebenda p. 1255: *Natura enim subsistentis est, qua ipsum subsistens aliquid est; hae vero sunt substantiales formae et quae illis in ipso subsistente adsunt qualitates et mensurae* .... Gilbert anerkennt wohl abstracte (immaterielle) Formen wie die Platonischen Ideen oder die mathematischen Verhältnisse, „hingegen jene Form, welche als das Sein der subsistirenden Dinge der Grund dessen ist, dass sie sind, was sie sind, und hiermit als Stoff desjenigen auftritt, was mit ihr sich verflicht, sei eben darum nicht immateriell, sondern hier seien Form und Stoff vereinigt" (Prantl S. 217). Auch eine merkwürdige Verbindung der Formen mit der Bewegung muss im Hinblick auf Francis Bacon beachtet werden. Gilbert sagt z. B. a. a. O. p. 1138: *His itaque divisis addendum est, quod primaria materia, i. e. ὕλη, et primariae formae, i. e. οὐσία opificis et sensilium ἰδέαι, ... omni motu carent. Quae vero inabstracta a se invicem atque concreta sunt, i. e. sensilia, moventur. Formae vero sensilium, quamvis inabstractae ideoque motum habentes, si tamen abstractim attendantur, hac vere abstractorum imitatione sine motu esse dicuntur....* Endlich sei auf einen wahrscheinlich bloss zufälligen Anklang verwiesen, nämlich darauf, dass Gilbertus Porretanus ebenso wie Francis Bacon mit Vorliebe das Beispiel der weissen Farbe gebraucht. Vgl. a. a. O. p. 1178: *Unitas omnium ... praedicamentorum comes est; nam de quocunque aliquid praedicatur, id praedicato quidem est hoc, quod nomine ab eodem sibi indito et verbi substantivi compositione esse significatur, sed unitate ipsi concedente est unum, ut album albedine quidem album est, sed unitate concedente albedini unum, et simul albedine et ejus comite unitate est album unum.*

Was das Verhältniss zu Roger Bacon betrifft, so müssten jedenfalls die von Ellis (*Preface* S. 38) angeführten Punkte berücksichtigt werden. Ich mache noch darauf aufmerksam, dass Roger Bacon ein wahrer Fanatiker der Einzel-Dinge ist und die vielgepriesene Allgemeinheit und Ewigkeit der Universalien nur in beträchtlicher Beschränkung anerkennt. Man vgl. *Opus tertium* p. 384 (bei Emile Charles, Roger Bacon. Paris 1861): *Homines imperiti adorant universalia propter hoc, quod dicit Aristoteles primo Posteriorum, quod universale est semper et ubique; singulare est hic et nunc, et secundo de anima dicit, quod esse universalis est esse perpetuum et divinum, singulare est corruptibile et non manet semper. Sed hoc et huiusmodi solvuntur breviter, quod perpetuitas universalis et quod sit ubique, non est propter ejus dignitatem, sed propter successionem singularium multiplicatorum in omni tempore et loco.*

14) Vgl. De Maistre, *Examen de la philosophie de Bacon* I. 36. (1836.)

15) Henri Hallam, *Introduction to the Literature of Europe* III S. 185 186. London 1839.

16) Bouillet, Edition des N. O. II p. 483.

17) *Oeuvres de Bacon.* Par M. F. Riaux, Anm. 5 zu *de augm.* III 4; S. 171, Paris 1843, und ebenda S. 84 Anm. 1.

18) *Oeuvres de François Bacon. Traduites par A. Lasalle.* Dijon 1800.

19) s. Apelt a. a. O. S. 152.

20) Justus v. Liebig, Ueber Francis Bacon von Verulam, S. 27. München 1863.

21) Emil Wohlwill, Baco v. Verulam und die Geschichte der Naturwissenschaft. Deutsche Jahrbücher X. 176. Berlin 1864.

22) Heinr. Böhmer, Ueber Francis Bacon von Verulam S. 20 Erlangen 1864.

23) Lasson a. a. O. S. 25.

24) *De Baconis Baronis de Verulamio Philosophia* von Aug. Dorner. *Diss. inaug.* Berlin 1867.

25) Das Buch Kuno Fischers erschien in seiner ersten Auflage sieben Jahre vor Liebigs Brochüre und führte den Titel: Francis Bacon von Verulam, die Realphilosophie und ihr Zeitalter. Leipzig 1856. Ich citire nach der zweiten völlig umgearbeiteten Auflage: Francis Bacon und seine Nachfolger. Entwicklungsgeschichte der Erfahrungs-Philosophie, Leipzig 1875.

26) *Encyclopaedia Britannica.* 1875. Band III.

27) Francis Bacons Neues Organon übers. von J. H. von Kirchmann. (Philos. Bibl.) Heidelberg 1882.

28) *Francis Bacon, His Life and Philosophy by John Nichol.* Edinburgh-London 1889.

29) Der Erste, der diese Tonart angeschlagen hat, war kein Geringerer als John Stuart Mill, der in seiner Logik bemerkt, dass

Bacon das (so bestrittene) Gesetz von der Vielfachheit der Ursachen gänzlich übersehen habe. „Alle seine Regeln schliessen stillschweigend die Annahme ein, ein Phänomen könne nicht mehr als eine Ursache haben. Diese Annahme ist aber in Widerspruch mit unserer ganzen Kenntniss der Natur.... Bacon suchte was nicht existirte. Das Phänomen, dessen eine Ursache er suchte, hat in den meisten Fällen gar keine Ursache und wenn es eine hat, so hängt sie (soweit bis jetzt ermittelt) von einer unnachweisbaren Menge verschiedener Ursachen ab."

30) *Francisci Baconi de Verulamio summi Angliae cancellarii Novum Organum. Edited by the Rev. G. W. Kitchin.* Oxford 1855. Appendix E: *On form* S. 361 ff.

31) Würdigung Demokrits N. O. I. 51, dagegen Abweichung von ihm u. a. N. O. II. 8.

32) Abschliessend hat über die Subjectivität der Sinnes-Qualitäten bei Bacon gehandelt H. Heussler a. a. O. S. 94 ff.

33) Ellis (a. a. O. S. 28) meint, in Bacons System sei die Beziehung zwischen Substanz und Attribut virtuell dieselbe wie die Beziehung zwischen Ursache und Wirkung. Die Substanz werde verstanden als die *causa immanens* ihrer Attribute (vgl. Zimmermann, Leibnitzens Monadologie S. 86. Wien 1847) oder mit anderen Worten: sie sei die *causa formalis* der auf sie bezogenen Qualitäten.

34) Boscovich selber sagt: „Die Materie besteht aus vollkommen vereinzelten, untheilbaren, unausgedehnten und wechselseitig durch Abstände getrennten Punkten, von denen jeder einzelne die Kraft der Trägheit und ausserdem eine active Kraft der Wechselwirkung besitzt, welche von der Entfernung abhängt." S. *Philosophiae naturalis theoria redacta ad unicam legem virium in natura existentem*, 1758, S. 8. — Die Behauptung der Ausdehnungslosigkeit richtet sich besonders gegen Cartesius. An Boscovich hat neuerdings Sir William Thomson mit seiner vielbesprochenen Moleculartheorie angeknüpft.

35) *General preface* I S. 40; vgl. S. 41 ff., S. 28 ff. u. S. 60.

36) Bacon prüft im *Val. Term.* alle Fälle, in denen die zu reproducirende Erscheinung geprüft werden kann, und notirt die Bedingungen, unter denen ihre Erzeugung geschieht. Die allgemein angetroffenen sind allein die nothwendigen; durch Zurückweisung der nicht hingehörigen Fälle lernen wir die Erscheinung hervorrufen, also genau das, was später als Erforschung der Form auftritt. Auch das Ziel dieses früheren *praeceptum operandi* ist die Bewahrheitung des Ausspruches: Wissen sei Macht. — Einige andere Bemerkungen Ellis' auf S. 43 sind zu verworren, um in dieser kurzen Uebersicht berücksichtigt werden zu können.

37) Diese Auffassung trifft wohl kaum zu. In der betreffenden Stelle *Adv. learn.* II. III. p. 362 bedeutet „praktische" Thätigkeit die

Magie, die bekanntlich nicht im Gegensatz zu den Formen steht, sondern im Gegentheil sich auf sie gründet.

38) s. Introduction zu Fowlers Ausgabe des N. O. Oxford 1878. S. 54 und Commentar zu N. O. S. 164.

39) *Nov. Org.* I. 75: *... Hinc opinio quod formae sive rerum rerum differentiae (quae revera sunt leges actus puri) inventu impossibiles sint et ultra hominem.*

40) Fowler a. a. O. Introduction S. 56 u. 57.

41) Fowler verweist hierzu auf den Anfang von N. O. II. 25, eine Stelle, deren Beziehung zu seinen Auseinandersetzungen nicht recht erhellt; sollte der Schlusssatz dieses Aphorismus gemeint sein?

42) Fowler a. a. O. S. 58 Anm. 36: *To this explanation it might certainly be objected that I am confounding laws of co-existence with laws of succession. But then, I think, it might be replied that we must conceive of the secondary or derived qualities as following on the collocation of the primary or underived qualities, even though the time occupied be infinitesimal.*

43) Das Citat findet sich in den Preussischen Jahrbüchern 1863 S. 111 (Ein Philosoph und ein Naturforscher); die folgenden Erörterungen entnehmen wir der Logik desselben Verfassers II. Bd. S. 364. Tübingen 1878.

44) Vgl. Logik II. 219. — Ergänzend, ohne dass an dieser Stelle weiter auf den bedeutungsschweren Inhalt eingegangen werden könnte, sei auf einen Ausspruch Euckens verwiesen: „Im grossen Ganzen aber ist das Gesetz etwas der Welt Immanentes, in und mit ihr, nicht über und vor ihr sich Erzeigendes; weder steht es als Allgemeines dem Einzelnen, noch als Vorzeitiges dem in der Zeit Gegebenen voran, sondern zeitlos rückt es in allem und durch alles hindurch. Dennoch ist das Gesetz nur gültig als Form des Geschehens, nicht des Sollens." (Eucken, Geschichte und Kritik der Grundbegriffe der Gegenwart S. 121. Leipzig 1878.)

45) Lasswitz, Geschichte der Atomistik vom Mittelalter bis Newton, Bd. I: Die Erneuerung der Corpusculartheorie. Hamburg u. Leipzig 1890.

46) Vgl. den späteren Abschnitt „Gesetz und Wesen" sowie den Schlusstheil der Arbeit.

47) s. Eucken, Geschichte der philos. Terminologie S. 195. Leipzig 1879. Uebrigens vgl. man Heyder, Lehre von den Ideen S. 20. Frankfurt a/M. 1874.

48) Eine andere Verwirrung entsteht aus der Verwechslung der *natura* in technischem Sinne als einer bestimmten Erscheinungsqualität mit dem Wesen der Dinge, das bei Bacon doch ausschliesslich *forma* heisst. So sagt Nichol a. a. O. 182/183: „*Our science is content to*

find efficient causes, and despairs of grasping the natures of things; but Bacon makes the latter the prime objects of his pursuit under the title of 'Forms' related to permanent qualities as efficient causes are to changes or events ...".

49) Ellis in der *General Preface* S. 44 übersetzt *instantia* mit „observation" und hält die *instantiae praerogativae* und deren Anwendung für logisch schwer erklärbar, da (?) ihre Anwendung, statt die Induction zu beginnen, sie bis zur Hypothesenbildung vollendet voraussetze, wofür ihm die *instantia crucis* (N. O. II. 36) als passendes Beispiel erscheine. Diese ganzen Ausführungen sind unverständlich.

50) Nach Bacons eigener Erklärung handelt die concrete Physik „de creaturis", die abstracte „de naturis" und zwar 1) *de schematismis* und 2) *de motibus* s. *De augm.* III. 4 p. 551. Es handelt also die concrete Physik von dem „Concreten", den „Creaturen", den „Substanzen", die abstracte von dem „Abstracten", den „Naturen", den „Accidenzen" (s. Heussler S. 91 Anm. 259).

51) Ganz treffend sind schon die Bemerkungen, welche Hallam der franz. Uebers. S. 146 und 151 giebt. Auf S. 146 z. B.: „*Les découvertes récentes sur le développement animal et végétal, et surtout l'heureuse application du microscope à l'observation des transformations chimiques et organiques dans leur travail même, sont des progrès également remarquables vers la connaissance du* latens processus ad formam, *des mouvements corpusculaires à l'aide desquels s'accomplissent tous les changements, et sont en effet beaucoup plus que Bacon lui-même n'eût cru possible.*"

52) Die so hervorgebrachten *naturae* würden nach einer seltsamen Auffassung Kitchins sein: entweder 1) die Reproduction bekannter Dinge, wie wenn wir z. B. Wasser durch Combination von O u. H erhielten oder 2) würden sie neue Combinationen durch Synthese erzielen, wie wenn Menschen Bellmetal machten. (A. a. O. S. 139 Anm. 14.)

53) Vgl. Siebeck, Ueber die Entstehung der *Termini natura naturans* und *natura naturata*. Arch. f. Gesch. der Philos., Bd. III, 3. Berlin, 1890.

54) Einen ähnlichen Sinn wie die die Beziehung zum Innersten der Natur ausdrückende Phrase *natura naturans* scheint die Wendung „*naturae notior*" zu besitzen, die sich beispielsweise in dem schwerverständlichen Satze findet: *Postremo forma vera talis est, ut naturam datam ex fonte aliquo essentiae deducat quae inest pluribus, et notior est naturae (ut loquuntur) quam ipsa forma* ... (N. O. II. 4 bei Fowler S. 344). Hier kommt es also ersichtlich darauf an, die Form als etwas im Innersten der Natur Verborgenes zu charakterisiren. Wie der Gegensatz zwischen *notior naturae* und *ipsa forma* zu lösen ist, wird sich später (S. 48) herausstellen. Was die philologische Bedeutung

der Phrase betrifft, so kann sie als eine scholastische Miss-Uebersetzung des Aristotelischen „τῇ φύσει γνωριμώτερα" (richtiger πρότερον τῇ φύσει) betrachtet werden, womit im Gegensatz zu dem „ἡμῖν γνωριμώτερα" (richtiger πρότερον πρὸς ἡμᾶς) das Allgemeine bezeichnet wird. Nach des Aristoteles Auffassung existirt bekanntlich in der Natur das Allgemeine früher als das Einzelne, die Ursache früher als die Wirkung, das umfassende Gesetz früher als die besondere Thatsache, während es sich für unsere menschliche in der Zeit sich bildende Auffassung gerade umgekehrt verhält.

55) Vgl. N. O. (I. 16, 1. 124) II. 3. *Part. del.* III S. 555, die betreffenden Ausdrücke sind von Heussler a. a. O. S. 92 herausgehoben. Vgl. auch den nächsten Abschnitt im Texte.

56) *De augm.* V. 4; Ellis I. 640.

57) Auch Kuno Fischer bleibt etwas unbestimmt in dieser Beziehung (s. u. a. O. S. 178).

58) Fowler macht gelegentlich auf die Aehnlichkeit aufmerksam, welche zwischen der Form als einer begrifflichen Auffassung der letzten Weltgründe und der genetischen Definitionen bei Aristoteles besteht; er erinnert an eine Begriffbestimmung wie die folgende: τί δ' ἐστι βροντή; ψόφος ἀποσβεννυμένου πυρὸς ἐν νέφεσιν (*An. Post.* II. 10). Die Erkenntniss des Wesens eines Dinges wird von Aristoteles öfters — freilich mit der Beschränkung ἐν αὐταῖς γὰρ τούτοις — der Erkenntniss der Ursachen gleichgesetzt. So *An. Post.* II. 2: τὸ τί ἐστιν εἰδέναι ταὐτό ἐστι καὶ διὰ τί ἐστιν. Fowler verwechselt auch bei dieser Gelegenheit *causa formalis* und *efficiens*. Der Aristotelisch-genetischen Definition bezw. dem darin enthaltenen διά entspricht bei Bacon nicht etwa die Form, sondern der *latens processus ad formam*.

59) Kitchin beispielsweise gesteht offen (a. a. O. S. 208 Anm. 58): Wie eine Natur in diesem System geringere oder grössere Formen haben kann, ist schwer zu verstehen.

60) Vgl. Nichol a. a. O. II. 187/188.

61) Zur Baconischen Bewegungslehre vgl. besonders Lasswitz a. a. O. S. 433 ff. „Nichts zeigt so deutlich die Ohnmacht der Begriffsordnung unter dem Denkmittel der Substantialität gegenüber der Fruchtbarkeit des Functionalbegriffes als der Vergleich des gut gemeinten, aber verunglückten Versuch Bacons über die Bewegung mit der 'neuen Wissenschaft' des Mathematikers Galilei."

62) So interpolirt Fowler in der Stelle: *Neque tamen obliti sumus nos superius notasse et correxisse errorem mentis humanae, in deferendo formis primas* (sc. *partes* Fowler) *essentiae* (N. O. II. 2). Kitchin hatte die Lesart *formis primas essentiae* ungezweifelt (a. a. O. S. 135 Anm. 8).

63) Aehnlich im *Val. Term.* III. 239.

64) Vgl. Nichol a. a. O. II. 184.

65) Von den *schematismi* und *motus* wird an der im Text ausgelassenen Stelle gesagt: *quos ... formas primae classis appellare consuevimus*. Der Sinn aber erfordert, wie bereits Spedding richtig bemerkt: *et quorum formas primae classis appellare consuevimus*. Dass die einfachen *naturae* nicht sowohl den *formae* als vielmehr ihren Erscheinungen gleichgesetzt werden müssen, ist bereits früher nachgewiesen worden; dasselbe geht auch aus der unmittelbaren Umgebung des Satzes hervor, denn die einfachen Naturen sind der Gegenstand der abstracten Physik, nicht der Metaphysik und verhalten sich zu den *formae* wie die Erscheinungen zu dem, was erscheint.

66) Lange a. a. O. S. 201, vgl. S. 219 Anm. 60.

67) Es ist daher bloss eine halbe Wahrheit, wenn der Anonymus der *New American Cyclopaedia* (New York 1860, Artikel Baco, Bd. II S. 468) sagt: „Von Wirkungen zu Ursachen und nicht von Ursachen zu Wirkungen das war der Geist der Baconischen Lehre."

68) Fowler giebt dazu die folgende Anmerkung, welche im Verlaufe der Untersuchung sich selber richtig stellen wird: *„in attempting to determine the meaning which Bacon attached to the word form, this language is of some importance. The fundamental and common laws seem to be distinguished from the „forms" or simple natures which they „constitute", and thus one „law" or „form" to be regarded as more generic than another."* Ueber weitere hergehörige Stellen berichtet Fowler in seiner Einleitung. Eine erschöpfende Sammlung giebt Heussler S. 176 Anm. 188.

69) Andere Stellen sind deshalb missverstanden worden, weil man mit aller Gewalt jede Anwendung des Wortes *lex* auf die Form beziehen wollte. Für die Stelle N. O. II. 9 macht Spedding mit Recht geltend, dass *ratione certe et sua lege* bedeute: „im Princip wenigstens und in ihrem wesentlichen Gesetz", womit ausgedrückt werden soll, dass Gott die Formen ändern könne, aber dass diese Aenderung über unsere Vernunft hinausgehe.

70) Vgl. Kuno Fischer a. a. O. S. 180.

71) Vgl. Heyder, Lehre von den Ideen S. 25. Frankf. a M. 1874.

72) s. J. B. Meyer, „Bacos Utilismus" in Fichtes Zeitschrift XXXVI S. 245. Ebenso sprechen sich aus mit dem Hinweis auf N. O. I. 80. 129 und II. 81, Whewell, *Philosophy of the inductive sciences* II. 231 und 247 und Rémusat, *Bacon, sa vie, son temps* etc. p. 461. Paris 1858.

73) Göttingische Gelehrte Anzeigen f. W. u. L. im Märzheft 1772.

74) Deshalb braucht das Verdienst Galileis nicht übersehen zu werden; aber es geht vielleicht zu weit, wenn Ad. Franck behauptet: *„la méthode de Galilei, antérieure à celle de Bacon et de Descartes, leur*

est supérieure à toutes deux." (*Moralistes et Philosophes*. Paris 1872, p. 164.)

75) s. v. Kirchmann, Philosophie des Wissens S. 117. Berlin 1864; Uebersetzung des N. O. S. 156 Anm. 130. — Sehr lehrreich sind die bezüglichen Betrachtungen Wundts zur „Geschichte und Theorie der abstracten Begriffe". Philos. Studien Bd. II. 1885. „An die Stelle des (überall beobachteten) Verhältnisses von Stoff und Form tritt (schon frühe) das von Körper und Geist ... Wenn z. B. Aristoteles Gestalt, Bewegung, Zweck als Unterarten der Form bezeichnet, so ist deutlich, dass diese Aufzählung von der metaphysischen Voraussetzung ausgeht: Form ist was eine geistige Ursache hat (S. 176) ... Auf diese Ursache können aber, da sie nicht selbst in dem Wechsel der Erscheinungen gegeben ist, nunmehr alle Prädicate des Seins, insbesondere auch dasjenige des Beharrens, übertragen werden. Alle Veränderung wird zur Erscheinungsform eines beharrenden Substrates. Dieses Substrat, wenn man es ohne jede Rücksicht auf die in ihm liegende Möglichkeit, veränderliche Gestalt anzunehmen betrachtet, ist der Stoff, wenn man es aber mit Rücksicht auf diese Möglichkeit und als das Princip der Veränderung selbst betrachtet, die Form." Eine Addition ergiebt den metaphysischen Substanzbegriff als das transscendente und als absolut unveränderlich vorausgesetzte reale Substrat der Erscheinungswelt — ein Begriff, dem von der Naturwissenschaft bloss ein hypothetischer Werth zugestanden wird, worüber Wundts Logik zu vgl. I S. 411 u. 494.

76) Vgl. ausser Euckens neustem Werk Josef Popper, Die technischen Fortschritte nach ihrer ästhetischen und culturellen Bedeutung. Leipzig 1888, und Theodor Löwe, „Das Culturproblem" in der Neuen freien Presse 1889, Nr. 9033.

77) Vgl. H. Heussler in den Rheinischen Blätt. f. Erziehg. u. Unterricht, Jahrg. 1882, S. 553: „Schellings Entwicklungslehre".

78) Vgl. Spencer, System der synthet. Philosophie. 1875. I S. 54.

Erst nach Beendigung des Druckes ist EDUARD GRIMMS Werk: „Zur Geschichte des Erkenntnissproblems. Von Bacon zu Hume. Leipzig, 1890" erschienen. Ich muss mich daher mit der Bemerkung begnügen, dass die im Allgemeinen zutreffende Beschreibung der Formen (S. 29—37) jedenfalls an dem Mangel leidet, die begriffliche Seite der *formae* nicht genug hervorzuheben. — BARTHÉLEMY ST. HILAIRES „*Etudes sur François Bacon*", Paris 1890, gleichfalls erst nach Beendigung des Druckes erschienen, enthalten nichts auf die Formenlehre Bezügliches.